꿈을 찾는 10대를 위한 진로수업

꿈을 찾는 10대를 위한
진로수업

정형권 지음

BM (주)도서출판 성안당

"진로 탐색은 최고의 공부다"

'청소년 시기에 가장 중요하고 필요한 것은 무엇일까?'라고 물으면, 부모들은 당연히 '공부'를 첫 번째로 꼽을 것이다. 공부는 학생들이 해야 할 매우 중요한 일 가운데 하나다. 부모들은 자녀가 세상에 나갔을 때 필요한 능력을 갖추고 지혜를 겸비해 목표한 바를 성취하기 바라는 마음에서 열심히 공부를 해야 한다고 말한다.

그런데 세상을 살아갈수록 학교에 다닐 때 공부만큼이나 중요하고 꼭 알아야 할 것이 있다는 사실을 깨닫게 된다. 그것은 바로 '진로'를 체계적으로 탐색하고 설계하는 것이다. 학교에서 배우는 기본 지식도 중요하지만, 그것만으로는 충분하지 않다.

아직도 우리 주변에서는 학생들에게 '공부'만을 강조하는 모습을 더 많이 만날 수 있다. 하지만 이제 세상이 많이 바뀌었고, 변화하는 속도도 점차 빨라지고 있다. 학교 교육과정은 세상에 잘 적응하고 어려움을 헤쳐 나가기 위해 준비를 하는 것이다. 그런데 이러한 준비 과정 중 가장 중요한 '진로'에 대해 생각하고 연구할 시간이 부족한 것이 문제이다.

아직도 공부만 잘하면 좋은 대학에 갈 수 있고, 그렇게 되면 좋은 직업을 얻어 안정된 생활을 할 수 있을 거라는 착각을 하는 경우가 많다. 하지만 이미 대학에 진학하였거나 사회에 나온 선배들의 이야기를 들어보면 그러한 이야기는 무책임한 주장이라는 것을 금방 알 수 있다. 그들은 초·중·고 시절에 자신의 진로에 대해 좀 더 진지하게 생각하고 고민하지 못하였던 것을 후회하거나, 다시 자신에게 맞는 직업과 진로를 찾기 위해 노력한다.

따라서 지금 10대들에게 필요한 것은 영어나 수학을 공부하듯, 자신의 진로를 주기적으로 생각하고 정리해 보는 시간이다. 진로도 하나의 과목처럼 시간을 정해서 정기적으로 점검하고, 고민의 질을 높여 가야 한다. 주기적으로 진로 공부를 해야 진로 성숙도가 올라가고 자기 삶을 주도적으로 영위할 수 있게 될 것이다. 그리고 진로에 대한 생각과 철학이 정리될수록 학습에 더 집중할 수 있다.

학교 현장에서 진로에 대한 다양한 제도가 정비되고 틀이 만들어지는 것은 바람직한 일이다. 하지만 그것들의 내용이 과연 학생들의 진로 고민에 적합한지는 의문이 들었고, 진로 수업과 설계에 좀 더 실질적인 프로그램이 필요하다고 생각하였다.

이 책은 학생들의 진로 고민에 깊이를 더하고 스스로 진로 탐색을 해 나가는 데 길잡이 역할을 해 줄 프로그램을 고민하다 기획하게 되었다. 진로 고민에 도움이 될 만한 다양한 이야기와 인물의 사례를 중심으로 서술하였다.

학생들은 다양한 방식으로 자신의 진로를 개척한 사람들의 이야기를 보면서 새로운 자극을 받을 수 있고, 스스로 진로 설계에 대입하여 미래를 그려 나갈 수 있게 되리라 생각한다. 특히, 이야기를 읽고 나서 '진로 생각 실천 노트' 활동을 한다면 진로 생각을 좀 더 구체화할 수 있을 것이다.

진로 탐색의 핵심 주제를 자기표현, 목표, 학습, 일, 노력, 자기경영, 행복의 7가지로 구성하였으며, 실제 사례를 중심으로 서술하는 것이 좋을 것이라는 판단에서 최대한 다양한 사례를 스토리 형식으로 제시하였다. 더불어 각 이야기를 읽고 그에 대한 느낌과 판단은 독자의 몫으로 남겨 두기 위해 저자의 주관적인 판단과 목소리는 최소화하였다. 다양한 이야기를 통해 자신에게 필요한 진로 탐색의 영양소를 공급 받을 수 있을 것이다.

인간은 생각과 사고의 산물이다. 무엇을 주로 생각하느냐에 따라 생각의 길이 만들어진다. 따라서 인생을 잘 경영하기 위해서는 생각의 길을 어떻게 만드느냐가 무엇보다 중요하다. 이 책의 다양한 사례들은 생각의 길을 크고 넓게 만들어 진로 설계에 마중물 역할을 할 것이라 기대한다.

진로 탐색은 단순히 직업을 정하는 좁은 의미의 작업이 아니다. 그것을 넘어 인생이라는 숲을 가꾸며 일구는 창조적 작업이다. 진로 탐색은 청소년기에만 진행하는 일시적 노력이 아니라 평생 실천하는 창조적 과정이다. 세상은 끊임없이 변하고 자신도 계속 변화하고 발전한다. 그에 따라 인생의 단계마다 진로의 색깔과 방향은 달라질 수밖에 없다. 그래서 진로 고민은 영원히 끝나지 않는 '진행형'이라고 할 수 있다.

10대 시절 진로 고민은 인생이라는 탑의 든든한 주춧돌이 된다. 청소년기에 진로 고민이 충분하지 못하면, 어른이 되어서도 쉽게 흔들릴 수밖에 없다. 반면 10대 시절에 진로 고민이 충분하면 어른이 되어서도 방향을 잃지 않고 당당하게 나아갈 수 있다.

이 책은 자신의 길을 묵묵히 헤쳐 나갔던 인물들의 빛나는 업적과 피, 땀, 눈물로 얼룩진 삶의 기록이다. 각 장(chapter)마다 그들의 특색 있는 삶을 추적해서 발췌하였기 때문에 깊은 감동을 얻고 마음을 충전할 수 있을 것이다. 또 진로를 탐색하고 설계하는 방법과 실천 전략에 대해서도 체계적으로 정리할 수 있다. 각 장(chapter) 마지막 부분에 진로 활동으로 〈진로 생각 실천 노트〉를 배치하였는데, 독자의 진로 탐색에 많은 도움을 주리라 생각한다.

이 책과 함께 《10대를 위한 진로 인문학》을 읽는다면 진로 탐색과 설계에 더 많은 도움이 될 것이다. 이 책이 청소년 독자 여러분의 진로 탐색 길에 든든한 동반자가 되어 줄 것이라고 믿는다.

정형권

목차

PART 02

목표 : 변화를 꿈꾸는 삶

PART 05

노력 : 재능을 키우는 힘

PART 01

자기표현

나의 가능성
키우기

익숙했던 것들과 완전히 결별한, 피카소

대대로 내려오던 전통을 부정하고 새로운 형식과 스타일을 만들어 내기란 어려운 일이다. 설령 새로운 것을 만들었다 하더라도 대중과 기존 문화는 그것을 받아들이기 어렵기 때문에 배척하기 일쑤이다. 하지만 역사의 진보란 이러한 일들이 끊임없이 반복됨으로써 이루어질 수 있었다. 피카소가 〈아비뇽의 처녀들〉을 그렸을 때도 마찬가지였다. 세상은 찬사와 환호 대신, 악평과 저주에 가까운 비평을 쏟아냈다.

피카소는 바르셀로나 라 롱하 예술학교의 입학시험을 볼 때부터 천재성을 인정받았다. 1주일이 걸리는 과제를 몇 시간만에 완성하여 제출한 것이다. 너무 빨리 제출한 과제를 받아 본 교사는 14살 아이가 그린 것이라고 믿기 어려운 그림을 보고 충격을 받았다.

피카소의 천재성을 일찌감치 알아본 아버지는 화가로서의 생활을 중단하고 아들 뒷바라지에 힘썼다. 어머니 또한 든든한 지원군이었다. 그는 부모님의 전폭적인 지원과 지지를 받으며 화가로서의 꿈을 키워 가고 있었다.

20살이 되자마자 바르셀로나를 떠나 문화의 중심지 파리로 건너간 피카소는 10대 때 누렸던 명성과 재능이, 어른들의 세계에서는 더 이상 통하지 않는다는 것을 깨닫게 되었다. 피카소가 훗날 "미술에서 기적적인 어린이란 존재하지 않는다. 조숙한 천재가 위대한 화가로 성숙하려면 원점에서 다시 시작해야 한다."고 말하였듯이, 그는 원점에서 다시 시작해야 했다. 피카소는 어디로 가야 할지 몰랐다. 패배감 가득한 현실이었지만, 그림은 쉬지 않고 그렸다. 파리의 예술가들은 오래지 않아 이 스페인 젊은이의 천재성을 알아보았다. 아폴리네르, 로랑생, 모딜리아니, 앙드레 살몽, 브라크 같은 가난한 예술가들이 하나둘씩 몽마르트르에 모였고, 이들은 '세탁선(Bateau-Lavoir)'이라 불리던 피카소의 아틀리에(atelier, 작가나 예술가들이 자유로이 출입할 수 있는 방 따위를 의미)에서 함께 지냈다. 이 아틀리에 2층에 있던 피카소의 방은 그림과 물감, 세간들이 엉망으로 쌓여 있어 지저분하기 이를 데 없었다.

26살이 되자, 피카소는 그림 하나를 들고 친구들에게 나타났다. 입체주의의 시작을 알리는 이 그림이 〈아비뇽의 처녀들〉이다. 그림을 처음 본 사람들의 반응은 비슷하였다.

"기운 내요. 아직 26살 밖에 안 됐잖아요? 마티스도 35살이 되어서야 실력을 발휘하기 시작했다고요."

"미안하네, 친구. 이번에는 어떤 말도 듣지 않는 게 좋겠어."

"불쾌하고 혐오스런 작품을 만들고 싶다더니, 성공했네."

하나같이 혹평뿐이었다. 어떤 이는 그림을 보는 것조차도 거북해했다. 피카소는 또 한 번 좌절해야 했다. 특히 아버지 호세는 그의 그림을 죽을 때까지 이해하지 못하였다. 온갖 고생을 해서 좋은 학교에 보냈더니, 이해가 안 되는 그림만 그리는 아들이 답답하였을 것이다.

살롱전은 이 낯선 화가의 작품들을 외면하였지만, 1909년에 열린 화상(畵商) 볼라르의 전시회에서 피카소의 작품은 평론가들과 화랑의 주목을 받았다. 피카소의 참신함에 매료된 애호가가 꾸준히 늘면서 그의 생활도 윤택해졌다. 몽마르트르 예술가 그룹에서 피카소처럼 커다란 성공을 이룬 이는 없었다. '세탁선'과 몽마르트르의 카페 '라팽 아질'에 모이던 이들 중 모딜리아니는 가난 속에서 요절하였고, 아폴리네르는 1차 대전 종전을 이틀 앞두고 스페인 독감으로 사망하였다. 로랑생은 독일 남자와 결혼하였다는 이유로 프랑스에서 추방되었고, 막스 자코브는 유대인 수용소로 끌려가 죽었다. 몽마르트르의 끔찍한 가난 속에서 예술을 향한 열정을 불태우던 이들 중 피카소만이 살아남았다.

피카소는 보이는 것을 그대로 재현하는 전통 방식에 거부감이 있었다. 그래서 〈아비뇽의 처녀들〉에는 기존의 틀을 깨뜨리는 관점을 도입하였다. 앞, 옆 그리고 뒤에서 바라보는 시점을 처녀들의 얼굴에 넣은 것이다.

그러자 한 화면에 두 가지의 시점이 존재하는 입체적인 모습이 되었다. 몸의 색깔이나 모양도 왜곡하여 보는 사람들에게 '불편함'을 느끼게 하였고, 미술에서 중요시되는 원근법도 무시하였다. 기존의 '잘 그린 그림'이 갖춰야 할 요소들을 전부 부정하였다. 피카소는 아름다움의 이면에 감춰진 추악함을 찾아 드러내었다. 그러니 처음 그의 그림을 본 사람들이 당황하고 거북함을 느낀 것은 당연한 일이었을 것이다.

익숙한 것들과의 완전한 결별이었다. 르네상스 이후 500년 동안 미술계를 지배해 온 '원근법'을 무너뜨린 일대 사건이었다. 그래서 〈아비뇽의 처녀들〉은 곧잘 미술사 최초의 입체주의 작품으로 평가 받는다.

피카소가 활동하던 19세기 말~20세기 초는, 산업화로 인해 세상이 빠르게 변화하던 시기였다. 그에 맞춰 모더니즘(기존의 도덕, 권위, 전통 등을 부정하고, 새롭고 혁신적인 문화의 창조를 추구하는 예술상의 경향과 태도)이 전 유럽으로 확산되고 있었으며, 피카소는 과거와 미래가 공존하는 교차점에 서 있었다. 그는 당연히 과거 전통에 따르기를 거부하였고, 과감하게 새로운 틀 만들기에 도전하였다.

과거의 방식을 따를 경우 모험을 하지 않아 안전하고, 혹시 모를 비난과 비판을 두려워하지 않아도 될지 모르지만, 미래를 향한 새로운 발자국은 만들 수 없다. 창의력은 기존과는 다른 관점으로 바라보는 새로운 시각에서 비롯된다.

그러나 관점만 바꾼다고 해서 창의적인 것이 만들어지는 것은 아니다. 그는 하루에 평균 7개의 작품을 만들었고, 그가 남긴 작품 수는 대략 50,000점에 달한다고 한다. 작품의 종류도 다양해서 회화만 1,885점이고, 조각 1,228점, 도자기 2,280점, 스케치 4,659점에다가, 판화 작품이

약 30,000여 점이라고 한다. 이 때문인지 대중들은 피카소를 즉흥적인 영감을 통해 작품을 만드는 천재로 기억한다. 또 아무렇게나 그린 듯한 그의 그림들은 비난의 대상이 되기도 하였다.

그런데 그가 죽은 뒤 한 가지 놀라운 사실이 밝혀졌다. 그가 마지막으로 작업하였던 곳에서 의문의 스케치가 발견된 것이다. 수백 장이 넘는 비슷비슷한 그림들. 피카소의 치열한 연습의 흔적들이었다. 그는 중요한 작품을 그리려고 할 때 매우 많은 연습을 하고 준비하였다. 〈아비뇽의 처녀들〉도 마찬가지였다. 다중지능이론의 창시자인 하워드 가드너 하버드대 교수는 이를 '훈련된 창의성'이라는 말로 설명하였다. 재능을 심화하고 강화하는 끊임없는 연습과 훈련 덕분에 새로운 창의력을 발휘할 수 있었다는 이야기이다. 그의 천재성은 새로운 틀을 만들기 위한 부단한 시도와 노력에 있었다.

피카소는 미술에 재능이 있었고 부모님의 지지를 받았지만, 전통을 따르지 않고 새로운 시각으로 대상을 바라보고 표현하였다. '새롭게 바라보는' 자기 안의 능력을 키워 찬란한 꽃을 피웠다. 나에게는 어떤 능력이 숨어 있을까?

높이뛰기의 역사를 새로 쓴, 딕 포스버리

"감사합니다. 당신의 책을 읽으며 사전을 찾아보지 않아도 재미있게 볼수 있었습니다."

어떤 팬이 한 작가에게 보낸 편지의 일부이다. 그가 얼마나 읽기 쉽게 글을 썼는지 짐작할 수 있는 대목이다. 그는 바로 《달과 6펜스》로 유명한 작가 서머셋 모옴이다.

그는 17살 때 독일로 건너가 하이델베르크 대학에서 철학을 공부하였고, 귀국 후에는 런던의 세인트 토머스 병원에서 6년 동안 의학 과정을 공부한 끝에 내과 및 외과의 자격을 얻었다. 이때 얻은 체험은 훗날 그가 작가로 성장하는 데 크게 도움이 되었다. 특히 빈민굴의 환자들을 돌보는 인턴 생활을 하는 동안, 인간의 강인한 생의 의지에 깊은 감명을 받았다.

인간에 대한 사랑과 연민, 관용도 깊이 있게 배웠다. 이때의 고귀한 경험의 결과가 바로 빈민굴의 여공인 라이자의 사랑과 죽음을 그린, 그의 처녀작 《램베드의 라이자(Liza of Lambeth)》였다. 모옴의 나이 23살 때이다.

어렵게 출간한 책이었지만 광고가 문제였다. 출판사는 무명작가의 책을 광고까지 할 생각은 없었다. 광고를 해야 책이 출간된 것을 알 텐데 광고조차 할 수 없다니… 모옴의 고민은 깊어만 갔다. 궁리 끝에 그는 자신이 직접 광고를 하기로 결심하였지만 돈이 문제였다. 적은 돈으로 큰 홍보 효과를 거두는 방법을 찾아야 했다.

마침내 번뜩이는 아이디어가 모옴의 머리를 스쳤다. 신문에 작은 박스 광고를 내기로 하였고, 광고 문구도 그가 직접 썼다. 제목은 "착하고 아름다운 신부감을 구합니다!"였는데 내용은 이러하였다.

"저는 잘 생기고 매너 좋은 청년입니다. 스포츠와 음악을 좋아하고, 성격도 온화하고 차분한 편입니다. 착하고 지혜롭고 아름다운 여성을 찾습니다. 제가 바라는 여성은 최근에 나온 서머셋 모옴의 소설 여주인공과 모든 점에서 닮은 사람입니다. 자신이 이 여주인공과 닮았다고 생각하시면 지체하지 말고 즉시 연락해 주십시오. 꼭 그러한 여성과 결혼하고 싶습니다."

광고가 실린 지 얼마 되지 않아 책은 날개 돋친 듯 팔렸고, 그는 점점 유명한 작가가 되었다.

모옴은 책이 팔리지 않는다고 실망하여 주저앉는 대신 스스로 길을 만들었다. 모옴의 홍보 방식은 책을 직접 소개하는 방식이 아니라, 독자들에게 궁금증을 일으키는 간접 광고 방식이었다. 그가 책을 쉽고 재미있게 쓰는 재주를 가졌으며, 인간의 심리에 굉장히 밝은 인물이었음을 짐작할 수 있다. 그는 독자 입장에서 책을 쓰고 홍보를 하였다. 생산자가 아닌 소비자의 관점에서 사고한 역발상 덕분에 자신의 피땀 어린 노력을 보상받을 수 있었다.

자신의 앞길을 가로막는 것은 환경이나 조건이 아닌 경우가 많다. 자신의 고정관념과 변하지 않는 생각이 스스로의 발목을 잡는 경우가 더 많다. 하지만 관점을 바꾸기 전까지는 그 사실을 알지 못하고, 그러한 것들이 보이지 않는다. 모옴은 상대의 입장에서 생각하고 판단하는 장점을 지니고 있었다. 그래서 다르게 보고 다르게 생각하여 새 길을 열 수 있었던 것이다.

높이뛰기의 역사는 1968년 이전과 이후로 나뉜다고 한다. 1968년 멕시코 올림픽에서 높이뛰기 역사에 큰 획을 그은 새로운 도약법이 선보였기 때문이다. 멕시코 올림픽 이전에는 선수들이 '가위뛰기'와 '벨리 롤오버(belly roll over)'라는 도약법으로 바(bar)를 넘었다. 가위뛰기는 양다리를 바에 걸쳐 앉듯이 뛰어넘는 자세를 말하고, 벨리 롤 오버는 얼굴을 땅으로 향한 뒤 다리를 솟구쳐 뛰어오르는 자세를 말한다. 선수의 복부(belly,배)가 막대기 위를 구르는 것처럼 보이며, 등이 하늘을 향한다고 해서 '등면 뛰기'라고도 불렸다.

그런데 1968년 멕시코 올림픽에서는 아무도 예상치 못한 이상한 자세의 도약법이 등장하면서 관중들을 놀라게 하였다. 미국의 '딕 포스버리'라는 선수가 이전과는 다른, 배를 하늘로 향하게 하는 자세를 선보인 것이다.

1963년 4월 메드퍼드고등학교 2학년에 재학 중이던 딕 포스버리는 높이뛰기 선수 테스트에서 160cm를 넘는 데 실패하였다. '아, 나는 높이뛰기에 소질이 없나 보다.' 포스버리는 너무 실망한 나머지 높이뛰기 선수를 포기하려 하였다. 사실 그는 높이뛰기 선수의 기본인 순발력이 떨어졌고, 스피드도 그다지 뛰어나지 않았다. 반면 다리의 힘은 강하였는데, 그 강한 다리 힘을 살리지 못하고 있었다. 당시만 해도 높이뛰기에서는 '벨리 롤 오버'가 가장 최신 기술이었다. 그는 이 기술로 160cm도 넘지 못하였다. 포스버리는 고민에 빠졌다.

그러다 문득 한 가지 의문이 들었다. '왜 꼭 땅을 보고 넘어야만 하지? 다른 방법은 없을까?' 그러던 어느 날 우연히 체조 경기장에서 도마 경기를 보다가 이상한 광경을 목격하였다. 도마 선수들이 뒤로 돌아서서 공중돌기를 하는 것이 아닌가?

'그래, 높이뛰기에서도 저 선수들처럼 하늘을 보며 바를 뒤로 넘으면서 회전을 하는 거야.' 이러한 생각이 들자 직접 실험을 해 보고 싶었다. 얼굴을 앞으로 하여 뛰어넘을 때에 다리를 똑바로 뻗어 보았다. 훨씬 편하였다. 그러다가 같은 폼으로 하늘을 보며 누워서 넘어 보았다. 더욱 편하였다. 그 다음에는 오르는 순간 몸을 뒤로 틀어 등부터 바에 올라 보았다. 역시 편하고 성과도 좋았다.

문제는 거리와 각도였다. 몇 m 지점에서 발을 굴러야 자신의 강한 다리힘을 이용해서 가장 높이 날 수 있는지가 중요하였다. 여러 번 시행착오를 거치며 최적의 각도와 거리를 계산하였다. 그것을 토대로 반복해서 연습하였다. 그는 자신이 개발한 신기술로 202cm를 넘어 고등학교 신기록을 세웠고, 이듬해에는 오리건 주립 대회에서 212cm로 준우승을 차지하였다. 멕시코 올림픽 미국 예선 때는 222cm를 넘어 메달권에 근접하였다.

1968년 10월 20일, 멕시코 올림픽 멕시코시티 주경기장. 포스버리는 자신이 고안해 낸 신기술로 224cm를 뛰어넘어 금메달을 획득하였다.

4년 뒤인 뮌헨 올림픽에서는 40명의 선수 중 28명이 포스버리의 기술 즉, 배면뛰기를 이용하였다. 오늘날 전 세계 모든 높이뛰기 선수들은 이 기술을 사용하고 있다.

포스버리는 높이뛰기 선수에게 꼭 필요한 순발력이 떨어졌고 스피드도 뛰어나지 않았지만, 강한 다리 힘을 살리는 쪽으로 방향을 잡아 새로운 기술을 만들 수 있었다. 만약 그가 자신의 강점에 주목하지 않았다면 그는 고등학교 때 높이뛰기 선수 생활을 그만두었을 것이고, 올림픽의 역사도 다르게 기록되었을 것이다.

ADHD '수영의 신', 마이클 펠프스

레오나르도 다빈치는 "내 경험으로 미루어 볼 때, 어둠 속에서 침대에 누워 그동안 연구해 온 것이나 치밀한 성찰 끝에 마음에 품게 된 사물의 윤곽을 상상해 보면 적지 않은 도움을 얻게 된다. 그리고 이것은 인상 깊은 사물을 기억하는 데 유용한 연습이기도 하다."라고 하였다.

이는 시각화, 즉 정신적 리허설의 중요성에 대해 말한 것이다. 의식적으로 필요한 과정과 결과를 상상하면서 정신을 집중하면, 실제로 작업을 할 때 훨씬 자연스럽게 이루어지는 것을 경험할 수 있다. 하버드 의대 디팩 초프라 박사는, "심상(imagery)은 인간을 만들고 고치는 놀라운 힘을 갖고 있다."고 하였다.

운동선수들도 정신적 리허설과 시각화의 중요성을 잘 알고 있다. 수영

코치 밥 보먼도 이 방법으로 펠프스를 훈련시킨 것으로 유명하다.

  '수영의 신'. 올림픽 수영 스타 마이클 펠프스의 별명이다. 그는 올림픽에서 20개가 넘는 금메달을 따며 '가장 수영을 잘하는 사람'으로 기억되고 있다. 하지만 펠프스는 원래 감정 기복이 매우 심한 사람이었다. 그는 선생님에게 "그 어떤 것에도 집중하지 못한다."는 말을 들었을 정도로 산만한 아이였다. 지나친 주의력 결핍과 산만함으로 그는 7살 때 '주의력 결핍 과잉행동 증후군(ADHD)' 판정을 받기도 하였다.

  펠프스는 누나들을 따라서 수영 클럽에 다녔다. 처음 수영을 배울 때는 얼굴을 물에 담그기 무서워해서 배영부터 배웠다고 한다. 이 시기에 ADHD 때문에 주체 못하는 에너지를 발산시키기 위해서 펠프스의 엄마는 수영뿐만 아니라 야구, 농구, 라크로스, 미식축구 등의 운동을 닥치는 대로 시켰다고 한다.

  본격적인 선수 생활은 11살 때 코치 밥 보먼을 만나면서부터 시작되었다. 보먼 코치는 선수 시절에는 별다른 성공을 거두지 못해 일찌감치 은퇴하고, 플로리다 주립대에서 아동심리학을 전공하였다. 명코치로 이름을 날리려던 찰나에 가르치던 선수가 국가 대표가 되면서 그를 버리고 다른 코치에게 가 버려 커다란 배신감을 느꼈고, 수영계를 떠나 볼티모어 주위 학교에서 농장경영학을 배워 말을 키우려고 하였다. 남는 시간에 수영장에서 파트타임으로 취직한 그는, 노스볼티모어 수영 클럽에서 펠프스를 만났다. 총코치는 보먼의 실력에 감탄하여 정규직을 제안하였고, 보먼은 펠프스의 전담을 맡을 것을 조건으로 수락하였다.

밥 보면은 펠프스의 긴장을 완화하고 집중력을 높이기 위해서 특수한 훈련을 하였는데, 바로 '이미지 트레이닝'이었다. 보면은 평소 비디오테이프를 이용해 이미지 트레이닝을 하였다고 한다. 경기 중에 일어날 수 있는 모든 상황을 수천, 수만 번 떠올리게 하는 상상 훈련을 한 것이다. 상상 훈련에는 수경이 벗겨지는 것과 같은 돌발 상황도 포함되어 있었다. 그리고 그 비디오테이프의 마지막 장면은 항상 펠프스가 원하는 결과를 얻는 것으로 끝나게 하였다. 덕분에 펠프스는 실제 경기에서 수경이 벗겨진 상황에서도 침착하게 세계 신기록을 달성할 수 있었다.

하루의 훈련이 끝나면 보면은 펠프스에게 이렇게 말하였다.

"집에 가서 잠들기 전에 비디오테이프를 보렴. 일어나서도 비디오테이프를 봐야 한단다."

펠프스는 매일 잠들기 전과 자고 일어난 직후에 수영장에서 완벽하게 경기하는 자신의 모습을 상상하였고, 이렇게 말하였다.

"상상할 때도 실제 경기와 같이 전속력으로 최선을 다해야 한다."

펠프스는 2000년 15살의 나이로 시드니 올림픽에 첫 출전하였으며, 2004년 아테네 올림픽에서 무려 6개의 금메달을 목에 걸었다. 이후 2016년 리우올림픽을 마지막으로 은퇴하기까지 통산 28개의 올림픽 메달을 획득하여 올림픽 역사상 가장 많은 메달을 딴 선수로 기록되었다.

펠프스의 강점은 강력한 돌핀킥(양다리를 가지런히 모아 아래위로 움직이며 발등으로 물을 치면서 나아가는 동작)에 있다. 물속 1m 깊이까지 내려가서 15m나 전진한 뒤 솟아오르는 펠프스의 위력은 전 세계 수영 관계자들을 깜짝 놀라게 하였다. 펠프스는 뛰어난 유연성과 하체 근력 덕분에 탁월한 돌핀킥을 구사할 수 있었다.

펠프스는 수영에 적합한 신체를 타고났다. 우선 팔이 길다. 신장이 194㎝인 데 비해, 양팔을 쫙 폈을 때의 길이는 203㎝에 달한다. 팔이 길면 수영할 때 유리하다. 스트로크(팔로 물을 끌어 당기는 동작)를 할 때 추진력이 팔에서 나오기 때문이다. 반면, 다리가 길면 수영하는 데 불리하다. 하체는 상체에 비해 부력을 적게 받아 물에 잘 뜨지 않기 때문에 다리가 짧다는 것도 이점이다. 레이스가 계속될수록 다리가 긴 선수는 빨리 지치게 된다. 턴을 하는 과정에서도 다리가 짧은 편이 유리하다. 다리가 짧은 경우 벽을 박차고 반대편으로 나가는 추진력을 더 강하게 받는다. 여기에 350㎜에 달하는 큰 발이 돌핀킥이나 플러터킥(물장구질)을 할 때 강력한 추력을 낸다.

펠프스는 이중 관절을 지닌 선수로도 잘 알려져 있다. 일반인에 비해 손목과 발목, 팔꿈치에 관절이 하나 더 있어 훨씬 더 유연하게 관절을 움직일 수 있다고 한다. 유연한 발목은 플러터킥을 구사할 때 더 강한 추진력을 낼 수 있도록 도와준다. 바르셀로나 올림픽 배영 금메달리스트 마크 튜크스버리는 "펠프스는 가슴에도 이중 관절이 있어 돌핀킥을 할 때 갈비뼈 부근부터 웨이브를 시작하는 다른 선수들과 달리 가슴부터 웨이브를 시작할 수 있다."라고 하였다.

이처럼 펠프스는 ADHD라는 약점 대신, 자신이 가진 강점에 집중하는 훈련을 통해 세계적인 수영 선수가 될 수 있었다.

"나는 연습을 할 때도 매우 정확하고 집중된 상태로 상상하기 전에는 공을 치지 않습니다. 그것은 마치 생생한 영화와도 같습니다. 먼저 공이 도착할 곳을 바라봅니다. 그 다음에는 공이 포물선을 그리며 날아가는 모습, 땅에 떨어지는 모습을 상상합니다. 할리우드 못지않은 그 상상이 끝나고 나서야 공으로 다가갑니다."

20세기 골프 황제 잭 니클라우스는 자신의 책에서 이렇게 말하였다. 이를 통해 샷을 하기 전에 자신의 샷의 이미지를 그려 보는 프리샷 루틴(골프에서 선수가 샷을 하기 전에 반복적으로 하는 생각이나 행동)이 그가 골프 황제가 되는 데 크게 일조하였음을 알 수 있다. 그는 마음속에 이미지가 정확하고 선명하게 그려진 다음에야 샷을 준비한다고 하였다. 이때 그가 공이 맞는 소리, 땅에 떨어졌을 때 굴러가는 모습과 청중들의 환호까지 모두 상상의 영역에 넣었는지는 확실하지 않으나, 할리우드 못지않은 상상이라는 표현에서 그것까지 생생하게 상상하였음을 짐작할 수 있다.

상상하는 방법은 크게 내적 심상과 외적 심상으로 나눌 수 있는데, 내적 심상은 자신이 직접 행동을 하는 상황에서 눈앞에 보이는 것들을 떠올리는 것을 말한다. 외적 심상은 3인칭 관찰자 시점으로, 카메라 감독이 자신의 모습을 바라보는 것처럼 상상해 보는 방식이다. 어떤 방식이든 자신의 성향에 맞는 방법을 선택하면 된다.

이미지 트레이닝을 마음속에 특정 동작을 시각적으로만 그려 보는 활동이라고 생각하기 쉽다. 하지만 시각은 인간이 사용할 수 있는 여러 감각 중 하나일 뿐이다. 이미지 트레이닝은 시각뿐 아니라 청각, 후각, 촉각 등 많은 감각이 동원되어야 효과적이다.

잭 니클라우스는 경기가 잘 풀리지 않고, 우승이 확실시되던 게임이 난관에 부딪친 순간에는 공을 치기 전에 한두 발자국 뒤로 물러서서 한참 동안 골프 코스와 관객들을 지긋이 바라보곤 하였다. 그는 이러한 행동이 '의도적으로 긍정적인 멘탈 체제를 회복하기 위한 것'이라고 기자들에게 말하였다.

그는 상상 훈련과 몰입을 통해 내면의 불안과 걱정을 잠재우고 자신의 강점을 드러나게 하였다. 이처럼 어떤 순간이든 자기의 강점에 집중한다면 더 큰 성과를 얻을 수 있다.

④

커피의 새로운 가능성을 발견한, 하워드 슐츠

커피는 어떻게 전 세계로 퍼지게 되었을까? 커피는 에티오피아에서 나일강을 통해 이집트로, 또 다른 경로로는 홍해를 지나 예멘으로 전해졌다. 사우디아라비아의 메카를 중심으로 이슬람권에 커피가 널리 퍼지게 된 것은 신비주의 수피즘 수도승들 덕분이다. 수피들이 알라와 소통하는 매개체로 커피를 애용하면서 커피는 이슬람의 음료로 착실하게 뿌리내렸다.

15세기 유럽에서는 교황이 커피를 맛보고 "이렇게 좋은 음료를 이슬람교도만 먹게 할 수 없다."며 커피에 세례를 주어, 기독교인도 마음껏 먹을 수 있게 되었다. 덕분에 커피는 더욱 급속도로 생활에 파고들었다.

실존주의 철학자 사르트르는 파리 한복판에 있는 카페 플로르에서 커피 한 잔을 시켜 놓고 종일 앉아 있었다. 그에게 커피는 음료가 아니라 사색의 수단이었으며, 사랑의 매개체였다. 당시 파리의 카페에서는 커피를 마시며 수준 높은 대화가 이루어졌다. 수많은 작가에게 카페는 집필실이고, 사람들과 교류하는 응접실이며, 열띤 토론을 벌이는 토론장이었다. 커피를 매개로 사람들은 만나고 정보를 공유하고 생각을 나누었다.

커피가 단순한 음료가 아니고, 카페를 단순히 음료 마시는 공간이 아닌 사람과 사회가 만나는 문화 공간으로 인식한 사람이 또 있었다. 전 세계 커피 시장을 석권한 스타벅스의 하워드 슐츠 회장이다. 그는 전 세계 커피의 역사를 새로 썼다. 그가 새 역사의 주인공이 될 수 있었던 계기는 의외로 단순하다. 그것은 커피를 보는 새로운 발상, 그만의 독특한 상상력에서 비롯되었다.

하워드 슐츠는 대학 졸업 후 세일즈 경력을 인정받아, 스웨덴 회사인 해머플라스트의 미국 법인 매니저로 뉴욕에서 근무하게 되었다.

어느 날, 서류를 보던 하워드 슐츠는 특이한 점을 발견하였다. 시애틀의 한 커피 전문점이 전국적 체인에 못지않게 많은 커피 추출기를 주문한 것이었다. 그는 호기심과 함께 궁금증이 생겼다. 그래서 시애틀행 비행기에 올랐고, 도착하여 카페를 찾았다. 바로 '스타벅스'였다.

스타벅스의 원조는 1971년 샌프란시스코 대학 동창 3명이 문을 연 '스타벅스 커피, 티 앤 스파이스'이다. 이곳에서는 커피 원두를 주로 팔았다. 그들을 만나 이야기를 나누면서 하워드는 커피의 매력에 흠뻑 빠졌다. 당시 하워드 슐츠는 회사에서 안정되고 편안한 삶이 보장된 생활을 하고 있었다. 그런데 그는 그 자리에서 자신도 스타벅스의 마케팅 매니저로 합류하고 싶다며 함께 하자고 제안하였고, 1년 뒤 입사할 수 있었다.

1983년, 하워드 슐츠는 이탈리아 밀라노에 가게 되었다. 슐츠는 밀라노의 거리에서 수많은 사람들이 커피 마시는 것을 목격하였다. 커피점에 들어간 그는 그곳에서 '새로운 경험'을 할 수 있었다. 에스프레소 향, 스팀 밀크와 카푸치노, 장인 정신을 가진 직원, 커피를 마시는 사람끼리의 유대감이 그것이었다. 그것은 미국에서는 찾아보기 힘든 '카페 문화'였다. 하워드 슐츠는 '직원의 정성과 열정이 담긴 커피, 그리고 그것을 맛보는 사람들 간의 관계와 소통'이 한 장소에서 이루어진다면 그것은 새로운 경험이자, 사업적인 성공도 거둘 수 있겠다는 생각이 들었다.

시애틀로 돌아온 슐츠는 스타벅스 운영자에게 밀라노에서의 경험을 이야기하며, 원두가 아닌 커피 음료 판매를 건의하였다. 하지만 세 사람은 반대하였고, 여러 가지 제안과 시도가 있었지만 그의 생각은 반영되지 못하였다. 결국 하워드 슐츠는 1985년 스타벅스를 떠나 시애틀에 카페 '일 지오날레'를 열었다.

하워드 슐츠는 자신의 구상대로 카페를 꾸몄다. 이탈리아어로 된 메뉴판, 매장에 울려 퍼지는 클래식 음악, 나비넥타이를 맨 직원, 일간 신문을 비치한 매장에서 카푸치노, 카페라떼를 판매하였다. 그리고 커피 전문가를 영입하여 직원들에게 커피 교육도 하였다. 매장은 오픈하자마자 사람들로 붐볐고 시애틀의 새로운 명소가 되었다. 이에 자신감을 얻은 슐츠는 시애틀에 2번째 매장, 밴쿠버에 3번째 매장을 오픈하였다. 슐츠는 3곳의 매장에서 파는 커피의 질과 맛, 향은 균일함을 유지하도록 노력하였다.

그러던 중 그의 인생을 바꾸는 사건이 발생한다. 스타벅스 운영자들이 커피 원두 경영에 집중하기 위해 스타벅스를 팔 계획이라는 소식을 들은 것이다. 슐츠는 스타벅스를 놓치고 싶지 않았다. 그래서 투자자를 모집하여 스타벅스를 인수하는 데 성공하였고, 자신의 카페도 스타벅스로 이름을 바꾸었다. 이렇게 하워드 슐츠는 11개 매장, 100명의 직원으로 커피 제국으로 가는 첫 걸음을 시작하였다.

"단순한 음료로서 커피만을 팔았다면 오늘의 스타벅스는 탄생하지 않았을 것입니다. 우리는 커피 장사를 하면서 커피의 무한한 가능성을 발견하였습니다. 커피는 사람과 사람, 또 사람과 사회를 연결해 주는 매개체이며, 가정이나 직장에서 느끼지 못하는 평온한 공간을 제공해 줍니다." 슐츠는 이것을 '스타벅스 경험(Star bucks Experience)'이라고 정의하였다. 하워드 슐츠는 커피에 새로운 이미지를 결합하였다. 상상력을 발휘하여 커피에 다양한 것들을 결합하여 카페를 전혀 다른 문화 공간으로 재탄생시켰는데, 슐츠는 이러한 융합 능력이 탁월하였다. 이렇게 똑같은 것이라도 상상력을 불어넣으면 전혀 다른 것이 될 수 있다.

아인슈타인은 "논리학은 너를 A에서 B로 이끌 것이다. 그러나 상상력은 너를 어느 곳이든 날 수 있도록 도와줄 것이다. 상상력이 지식보다 중요하다."라고 하였다. 익숙한 것들이라도 누군가 거기에 상상력을 결합하면 전혀 다른 새로운 것이 된다.

상상력을 동원하면 전혀 생각하지 못한 곳까지 도달할 수 있다. 성공으로 가는 길에 '상상력'은 필수이다. 목표를 세우고 그것을 이루기 위한 전

과정에 상상력을 적절하게 활용하지 못한다면, 그 계획은 이루어지기 어렵다.

하워드 슐츠는 창업 후 16년이 지난 스타벅스를 인수하여 세계 최고의 커피 프랜차이즈로 성장시켰다. 이처럼 익숙한 기존의 것에 새로운 아이디어를 결합하고 연결하여 혁신을 이루는 것도 성공을 향한 중요한 열쇠가 될 수 있다.

맥도날드 시스템을 퍼트린, 레이 크록

오랫동안 영업 현장에서 일하였던 한 사람이 있었다. 그는 안정된 직장을 포기하고 독립하기로 마음먹었다. 그의 마음을 사로잡은 물건은 여섯 개의 회전축으로 밀크셰이크를 만들 수 있는 신제품 멀티 믹서였다. 그는 열심히 영업 활동을 하여 전국의 소다수 판매점과 유제품 매장에 멀티 믹서를 판매하고 판로를 확장해 나갔다. 그러나 시간이 흘러 보급이 늘어나자 차츰 주문이 줄어들었다. 그는 무언가 다른 대책이 필요하다고 느끼고 있었다. 나이 52세, 당뇨가 있었고 관절염 초기였다. 이미 담낭과 갑상선 대부분을 잃은 상태였다.

하지만 그는 최고의 기회는 아직 오지 않았다고 생각하였고, 다른 기회를 엿보고 있었다. 마음속에는 항상 이 말을 담고 있었다. '푸르름을 간직

하는 한 당신은 성장한다. 성숙하는 순간 부패가 시작된다.'

그러던 어느 날, 캘리포니아주 샌버너디노의 작은 식당에서 멀티 믹서기를 무려 8대나 구매하였다. 오랫동안 영업 일을 해 온 그는 한 식당에서 이렇게 많은 제품을 구매하였다는 사실에 호기심을 느꼈다. 그 이유가 궁금해진 그는, 직접 방문을 해서 확인해 보고 싶었다.

식당을 방문하였을 때 그는 자신 앞에 펼쳐진 새로운 풍경에 놀라고 말았다. 그곳은 오직 햄버거와 프렌치프라이, 밀크셰이크만 판매하는 단순하고 독특한 방식으로 영업을 하고 있었다. 모든 것이 준비되어 있었고 규격화되어, 하나의 프로그램처럼 움직였다. 음식을 먹기 위해 길게 늘어선 줄은 경이롭기까지 하였다. 그는 식당의 간편한 서비스와 청결함에 깊은 인상을 받았다. 게다가 햄버거의 가격은 15센트였고, 프렌치프라이는 뜨겁고 바삭하였다.

그는 식당의 효율적인 시스템과 단순함에 단박에 매료되었다. 모든 단계는 최소한의 노력으로 이루어지고 있었다. 그날 밤 그는 호텔 방에 누워 낮에 보았던 풍경들을 다시 생각해 보았다. 그는 이 식당을 전국의 도로변마다 세우면 안성맞춤일 것이라 생각하였다.

다음날, 그는 식당 주인인 맥도날드 형제에게 자신과 동업으로 맥도날드 식당을 전국에 열자고 제안하였다. 지금보다 훨씬 많은 수입을 올릴 수 있기 때문에 자신의 생각을 맥도날드 형제가 거절할 리 없을 거라 여겼다. 그런데 형제는 골치 아픈 일을 더 만들고 싶지 않다며 그의 제안을 거절하였다.

그래서 그는 다른 제안을 하기로 마음먹었다.

"그럼, 이렇게 하면 어떨까요? 여러분은 여기서 그대로 장사를 하고, 다른 사람이 새 매장 여는 일을 하면 되지 않을까요?"

"너무 힘들 것 같은데요. 우리 대신 식당을 열어 줄 사람이 필요한데, 그 사람을 어디서 찾겠어요?"

"그 일을 제가 하면 어떨까요?"

"네, 정말요?"

"제가 다른 곳에 맥도날드 식당을 열고 거기에 멀티 믹서를 들여 놓겠습니다. 그리고 모든 영업 방식은 이곳과 동일하게 진행하겠습니다. 그리고 제 판매 수익의 0.5%를 로열티로 드리겠습니다."

이로써 계약은 성사되었다. 그는 이것이 자신이 기다리고 기다리던 절호의 기회라고 생각하였다. 아내와 친구들의 만류에도 불구하고 1955년 4월 15일, 그는 자신의 연고지인 시카고의 디플레인스에 맥도날드 제1호 지점을 개장하였다. 이것이 레이 크록의 맥도날드 창업 역사의 첫발자국이었다. 전혀 새로운 사업에 뛰어든 그때, 크록의 나이는 무려 53세였다. 하지만 그는 미국 전 지역에 맥도날드 로고가 흘러 넘치는 미래를 상상하며 성공을 확신하였다.

그의 예상대로 사업은 조금씩 앞으로 나아갔다. 크록은 맥도날드 형제의 모든 노하우를 규격화하였다. 쇠고기의 크기에서 화장실 청소까지, 5만여 개의 업무 기준이 만들어졌다. 싸고 맛있는데다 깨끗한 분위기에 손님들이 몰렸고, 가맹점은 3년 만에 97개로 늘어났다.

1960년, 맥도날드의 지점 수는 200개를 돌파하였다. 그리고 1961년 역사적인 날이 다가왔다. 그해에는 크록에게 위기와 기회가 함께 찾아왔다. 맥도날드 형제와의 계속된 불화와 계약 위반 문제 등으로 고민하던 그는, 마침내 결단을 내렸다. 맥도날드의 심볼 마크, 판권, 제조 비법, 맥도날드 브랜드 등등 모든 것을 270만 불에 사들였다. 이제 맥도날드는 완벽하게 레이 크록의 것이 된 것이다.

"어떻게든 다가온 기회를 이용해야 한다. 나는 항상 그렇게 해 왔다."

자신이 한 말처럼 그는 또 한번 기회를 이용하였다. 그해 본사에 일명 '햄버거 대학'을 만들어서 전국 각지의 점주들을 모아 서비스 교육을 하였고, 그 과정을 마친 사람에게는 '햄버거 전공, 프렌치프라이 부전공'으로 학위도 수여하였다. 그는 아직 푸르고 성장하고 있었다. 그리고 그의 질주는 계속되었다.

크록은 맥도날드를 처음 만든 사람이 아니었다. 그는 맥도날드 시스템의 고안자가 아니라 판매자였다. 하지만 오늘날 역사는 레이 크록을 맥도날드의 진정한 아버지로, 그리고 1955년 4월 15일의 제1호 지점을 맥도날드의 시작으로 인정한다. 맥도날드 형제도 유능한 사람임이 틀림없다. 하지만 그들은 크록처럼 상상하는 데는 한계가 있었다. 그들의 시야는 그들이 사는 동네에 머물고 있었고, 그러다 보니 햄버거를 만들고 판매하는 공정을 표준화할 생각을 하지 못하였다.

크록은 맥도날드 형제의 가게를 보면서 그들의 노하우를 프로그램화하고 표준화해서 미국 전역에서 판매할 생각을 떠올렸다. 맥도날드 형제는 햄버거를 잘 만드는 재능이 있었고, 크록은 그것을 규격화해서 대량생산하는 재능을 가지고 있었다. 크록이 믹서 영업만을 계속하였다면 자신의 재능을 발휘하지 못하고 평범한 영업사원으로 인생을 마감하였을 것이다. 그는 자신이 잘할 수 있는 일에 집중하였고, 결국 큰 성공을 거둘 수 있었다.

난독증을 비즈니스 기회로 만든, 리처드 브랜슨

'다윗과 골리앗의 싸움'은 약자와 강자의 대결을 설명할 때 많이 사용된다. 전쟁에 나간 형들을 보기 위해 전투 현장에 온 15살의 소년 다윗은 2.4미터의 거인 골리앗을 상대로 싸우기 위해 나섰다. 당시 이스라엘 왕이었던 사울은 어린 다윗을 말리지만 다윗은, "아버지의 양을 지킬 때 사자의 발톱과 곰의 발톱에서 나를 구해 주신 하느님께서 이 자의 손에서도 나를 구하실 것입니다." 하고 담대하게 나선다. 하는 수없이 사울은 자신의 놋투구를 씌우고 갑옷을 입혀 주었다. 그런데 다윗은 왕이 입혀 준 갑옷 위에 칼을 차고 걸어 보려 하다가 불편함을 느꼈다. 그래서 "이것들이 내게 익숙하지 않으므로 입고 가지 않겠습니다."라고 말하며 벗어 놓았다.

다윗은 지팡이를 들고, 시냇가에서 적당한 돌 다섯 개를 골라 허리에

찬 자루에 넣었다. 골리앗이 다가오자, 다윗은 자루에서 돌 하나를 꺼내 그를 향해 물매를 날렸다. 그 돌은 골리앗의 이마를 정통으로 가격하였고, 그는 바닥에 쓰러지고 말았다. 그러자 다윗은 골리앗에게 달려들어 그의 칼을 뽑아 목을 베었다. 이 전투에서 이스라엘 군대는 대승을 거두었다.

흔히 사람들은 이 대목을 이야기하면서 다윗의 담대함을 배우라고 말한다. 물론 틀린 말은 아니다. 하지만 아무런 대책 없이 싸움에 나선다면 담대하다기보다는 무모하다고 표현하는 것이 맞을 것이다.

다윗은 이날 자신의 몸에 맞지 않는 갑옷과 칼을 거부하고 자신이 가장 잘 다루는 '물매'를 무기로 골리앗을 무너뜨렸다. 물매는 긴 가죽끈의 중간에 돌맹이를 넣고 돌려서 회전력으로 멀리 있는 목표를 맞추는 무기이다.

다윗은 양치는 일을 하면서 물매와 지팡이로 양떼를 공격하는 맹수들을 물리친 경험이 많았다. 그래서 자신에게 맞지 않는 무기를 쓰기보다는 자신이 잘 쓸 수 있는 물매를 선택하였다. 만약 왕이 준 갑옷과 칼로 싸움에 나섰다면, 단번에 골리앗에게 죽임을 당하고 말았을 것이다.

다른 사람들이 골리앗을 거대한 적으로 생각하고 두려워할 때 다윗은 자신의 양떼를 공격하던 맹수로 생각하고, 그에 맞는 필승 전략을 세워 승리하였다. 골리앗은 45킬로그램이 넘는 갑옷을 입고 다윗과 근접 전투를 하리라 예상하고 있었다. 그것은 사울왕도 마찬가지여서 자신의 칼과 갑옷을 다윗에게 주려고 하였다. 그들은 기존의 싸움 방식 안에서만 생각하였던 것이다.

그런데 다윗은 갑옷도 벗어 버리고 신속하고 빠르게 움직였다. 골리앗은 몸집이 크고 무거운 갑옷을 입었기 때문에 기동력이 느릴 수밖에 없었다. 다윗은 다른 사람들이 골리앗의 강점이라고 생각하였던 부분을 약점으로 바라보았다. 그리고 거기에 맞는 대응 전략을 세운 것이다. 그 핵심이 바로 '물매'였다. 이는 또한 자신의 강점을 극대화한 전략이기도 하였다. 다윗은 1초가 조금 넘는 짧은 시간에 물매를 휘둘러 골리앗을 맞힐 수 있었다. 이 정도 시간은 골리앗으로서는 자신을 방어하기에 너무나 짧은 시간이었다.

전 이스라엘 국방부 장관 모셰 다얀은 이 싸움에 대해 이렇게 말하였다.

"골리앗과 싸운 다윗은 열세가 아니라 우세한 무기를 지니고 있었다. 그의 위대함은 나약한 사람이 장점을 파악해 더욱 강해질 수 있는 무기를 잘 활용한 데 있었다."

다윗은 자신의 강점을 극대화하였다. 다윗처럼 자신의 약점과 강점을 잘 알고, 약점을 강점으로 전환할 줄 아는 지혜가 필요하다. 일의 성격과 상대가 누구냐에 따라 약점은 언제든 강점이 될 수 있다.

영국의 버진 그룹을 세운 리처드 브랜슨은 어렸을 때 난독증으로 고생하였고, 17살 때 학교를 중퇴하였다. 그는 회사를 경영하기에는 많은 약점을 가졌지만, 그것을 적절하게 조정함으로써 강점으로 변화시켰다.

먼저, 브랜슨은 대중 앞에서 발표하는 것을 힘들어하였다. 그래서 그는 대중에게 말하는 것을 지인과 1대1로 대화하는 것처럼 여기기로 하였다. 무대 앞에 있는 많은 청중들에게 집중하기보다, 자신이 아는 한 사람에게 이야기하고 있다고 상상하며 자연스럽게 말하였다. 그 결과 권위적이고 딱딱하지 않으며, 친절하고 상냥하다는 평가를 받을 수 있었다.

둘째, 그는 난독증이 있었다. 하지만 그는 이러한 장애조차 비즈니스의 일부로 만들었다. 글자를 읽고 이해하는 데 어려움이 있던 브랜슨은 연설할 때 노트를 보고 연설문을 읽기보다는 청중들의 이야기에 귀를 기울였고, 그들과 이야기 나누듯 이끌어 나갔다. 또한 긴 문장이 아니라 누구나 보고 쉽게 이해할 수 있는 시각 자료를 제공하였다. 그가 어떤 캠페인의 메시지를 빨리 이해하였다면, 다른 사람들도 충분히 이해하였을 것임을 알 수 있었다.

셋째, 브랜슨은 학력이 짧았다. 하지만 그는 이것을 자신이 더 큰 일을 하기 위해 태어났다는 의미로 받아들였다. 어렸을 때부터 자신의 사고방식이 다른 사람들과는 다르다는 것을 알았고, 이를 받아들여 학교를 중퇴하고 잡지 〈스튜던트〉를 창간하였다. 브랜슨은 학점이 그의 자존감이나 꿈에 영향을 미치지 않게 하였으며, 자신의 학점은 자신이 직접 매겼다.

넷째, 그는 회사 업종과 관련한 경험이 부족하였다. 그런데 그는 오히려 이러한 사실을 주변에 알리고 소비자의 관점에서 제품 혹은 서비스를 공급하는 데 집중하여 큰 호응을 얻었다. 신문 사업을 시작하였을 때에도 그는 그 분야에서의 경험이 전혀 없었다. 대신에 그 신문이 제공할 수 있는 것에 집중하여 성공하였다.

누구나 약점과 강점이 있으며, 우선 강점을 알고 그것을 키우는 것이 중요하다. 강점을 안다는 것은 약점을 안다는 뜻도 된다. 그런데 자신의 강점을 모르겠다는 사람이 의외로 많다. 그만큼 자신에 대해 깊이 생각해 보지 않았다는 뜻일 것이다.

그리고 어떤 약점이 영원한 약점이 되는 것은 아니라는 사실을 기억해야 한다. 약점도 언제든 강점으로 전환될 수 있다. 약점을 강점으로 바꾸면 더욱 완벽해질 수 있다. 브랜슨이 자신의 난독증을 비즈니스 기회로 만들었듯이, 약점도 강점이 될 수 있다는 열린 접근법이 중요하다.

새로운 스타일 만들기

피카소는 대대로 내려오던 전통을 부정하고, 새로운 형식과 스타일을 만들어 냈습니다. 과거의 전통을 무조건 따라해서는 창조와 혁신을 만들 수 없습니다. 전통을 시대에 맞게 새롭게 고칠 때 창조적 계승이 이루어집니다. 내가 희망하는 진로나 직업 분야에서 창조적 파괴를 하여 고쳐 나갈 부분이 있다면 무엇이 있을까요?

내가 희망하는 진로나 직업 분야에서 창조적 파괴를 하여 고쳐 나갈 부분이 있다면 무엇이 있을까요?

* **희망하는 직업이나 진로가 정해지지 않은 학생은 관심 분야의 직업 중 하나를 고른다.**

🔲 장래 희망 – 교사. 교사가 일방적으로 가르치는 방식이 아니라 학생의 참여 비율을 높이고, 학생이 수업의 주인공이 될 수 있도록 이끌어 간다. 새로운 지식을 전달하는 것이 수업의 중심 과제가 되는 것이 아니라, 학생이 미리 준비해 와서 공유하고 서로 피드백하는 방식으로 전환한다.

'나'를 알리기

　모옴은 궁리 끝에 자신의 책을 직접 광고하기로 결심하였습니다. 적은 돈으로 큰 홍보 효과를 거두기 위해 "착하고 아름다운 신부감을 구합니다!"라는 제목의 광고를 신문에 게재하였고, 책은 큰 인기를 얻었습니다. 작가로서 광고할 생각을 한 것도 대단하지만 그 내용도 기발하였습니다. 광고는 대상을 알리고 각인시키는 효과가 있습니다. 제품을 잘 만들거나 실력을 많이 쌓는 것도 중요하지만, 그것을 알리는 것도 매우 중요합니다. 자신의 꿈이 이루어졌다고 가정하고, 그것을 알리는 광고 문구를 그림과 함께 작성해 보세요.

알리고자 하는 주제	예 내가 한식 퓨전 요리를 개발하고 전 세계에 수출하여 한식의 새로운 길을 열게 된다. 예 등교하지 않고 학교에 다닐 수 있는 인터넷 학교 시스템과 프로그램을 만들어 보급할 수 있게 된다.
공고 홍보 문구와 그림	

상상 훈련

골프 황제 잭 니클라우스는 샷을 하기 전에 자신의 샷의 이미지를 그려 보는 프리 샷 루틴(골프에서 선수가 샷을 하기 전에 반복적으로 하는 생각이나 행동)이 그가 골프 황제가 되는 데 크게 일조했다고 하였습니다. 그는 공이 맞는 소리, 땅에 떨어졌을 때 굴러가는 모습과 청중들의 환호까지 모두 상상의 영역에 넣어 생생하게 상상하였습니다. 운동선수들은 이러한 이미지 트레이닝을 자주 합니다.

우리가 원하는 미래를 얻기 위해서는 이 이미지 트레이닝을 훈련할 필요가 있습니다. 내가 자주 연습해야 할 상상 훈련에는 무엇이 있을까요?

내가 자주 연습해야 할 상상 훈련

예 아침 6시에 기상하여 세수를 하고, 50분간 수학 문제를 푸는 상상을 하여 실제로 그렇게 한다.

예 발표 수업에서 긴장하지 않고 내용을 완전히 숙지하여 물 흐르듯 친구들에게 설명하고, 질문에 대답도 잘하는 모습을 자주 상상하여 다음 주 발표 시간에 잘 대응한다. (돌발 상황도 미리 그려 보며 대응한다.)

다르게 접근하기

하워드 슐츠는 '커피와 카페를 단순한 음료로 접근하지 않고 사람과 사람, 또 사람과 사회를 연결해 주는 매개체이며, 가정이나 직장에서 느끼지 못하는 평온한 공간을 제공해 준다.'라는 관점으로 접근하였습니다. 그러자 카페의 기능에 대해 다시 생각하게 되었고, 새로운 기회를 발견할 수 있었습니다.

주변에서 자주 접하는 것들을 기존에 가진 기능이 아니라 다른 기능으로 접근한다면, 새로운 가능성과 기회를 찾을 것입니다. 다음에 제시된 것들의 새로운 기능과 역할에 대해 적어 보세요.

제시어	새로운 기능과 역할
볼펜	
컵	
손목 시계	
학교	
선생님	
강아지	
소금	
강(江)	
자동차	
아파트	

유용하고 쓸모 있는 것

상상력을 기르는 좋은 방법은, 자신이 지금 하는 일이나 공부에서 새로우면서 유용하고 쓸모 있는 것을 자주 생각하고 적용해 보는 것입니다. 가정과 학교에서 새로우면서 유용하고 쓸모 있는 것을 생각해서 정리해 보세요.

구분	새로우면서 유용하고 쓸모 있는 것
가정	① ② ③
학교	예 수업 시간에 학생과 교사가 실시간으로 피드백이 되어 어떤 학생이 무엇을 모르고 이해가 부족한지 금방 알 수 있는 평가 시스템 구축. 교사는 학생 전체의 이해 흐름과 수준에 맞추어 수업을 진행할 수 있다. ① ② ③

나의 강점

다윗은 자신의 몸에 맞지 않는 갑옷과 칼을 거부하고, 자신이 가장 잘 다루는 '물매'를 무기로 골리앗을 무너뜨렸습니다. 남들이 중요하게 생각하는 것보다 자신이 잘 알고 활용할 수 있는 것들을 이해해야 합니다. 나의 강점(잘 하는 것, 잘 아는 것, 잘 쓸 수 있는 것 등)에 대해 정리해 보세요.

구분	내가 잘 하는 것, 잘 아는 것, 잘 쓸 수 있는 것 등
나의 강점	예 운동을 잘하고, 특히 축구나 야구를 잘 한다. 운동 신경이 발달하였다. 예 요리할 때 집중력이 뛰어나고 잘 배운다. 예 목공 조립에 소질이 있고, 작업할 때 시간 가는 줄 모르고 재미를 느낀다. ① ② ③ ④ ⑤

PART 02

목표

변화를
꿈꾸는 삶

1

피렌체
정원 관리사의 꿈

　어두운 현실에 검은 그림까지 드리워져 어느 곳으로 가야 할지 모를 때 우리는 어떻게 해야 할까? 무기력에 휩싸여 아무 의욕이 없는 상태가 지속되면, 건강하고 활기 넘치던 사람도 어느새 방향을 잃고 주춤거리게 된다. 이렇게 방황하는 상태가 계속되다 보면, 결국 자기 스스로를 결박하여 꼼짝하지 못하게 된다. 이럴 때는 자신이 처한 부정적인 상황을 주시하지 말고, 긍정적인 부분과 흥미 있거나 재미를 불러일으키는 일에 집중하는 것이 좋다.

　방황하는 것이 습관이 되면, 남에게 의지하고 자신의 운명까지 남에게 맡기는 것이 일상이 되고 만다. 방황이 개인의 자주성을 파괴하는 것이다. 그러므로 작은 일이라도 분명한 목표를 갖고자 노력한다면 방황하는 습관에서 곧바로 빠져나올 수 있다.

이탈리아 피렌체 근교 어느 집에서 가난한 소년이 정원을 관리하고 있었다. 그는 어려서부터 그림을 그리고 조각하는 것을 좋아하였다. 그래서 정원에서 일하면서도 그는 '어떻게 하면 아름다운 정원을 만들까?'를 생각하며 나뭇가지를 다듬고 화분을 조각하여 정원을 가꾸었다. 그는 다른 정원사들이 쉬는 시간에도 정원 구석구석을 손질하거나, 볼품없는 나무 화분에 조각을 하느라 구슬땀을 흘리기 일쑤였다. 그러면서 사람들에게 "나는 훌륭한 조각가가 될 거야."라고 이야기하였다.

다른 정원사들이 돌아가고 홀로 남아 조각에 몰두하던 어느 날, 그 집을 찾아온 영주가 아름답게 꾸며 놓은 정원과 조각품을 보고 감탄하였다. 영주는 그에게 이렇게 물었다.

"정원을 무척 잘 가꾸었구나! 그런다고 품삯을 더 주는 것도 아닌데 무엇 때문에 이렇게 힘들게 일을 하느냐?"

그러자 그는 빙그레 웃으며 대답하였다.

"월급과 상관없이 즐거워서 하는 일입니다. 정원을 멋지게 꾸미는 게 제 일이고, 화분을 멋지게 조각하는 것도 제 일의 일부분입니다."

영주는 그의 말에 크게 감동하였다.

"그렇군. 앞으로 자네가 미술 공부를 할 수 있게 내가 후원해 주겠네."

영주 덕분에 그는 미술 학교하여 입학하여 자신의 꿈을 키워 나갈 수 있었다. 그가 바로 〈피에타〉와 〈다비드〉 등의 명작을 만든 이탈리아의 천재적인 예술가 미켈란젤로이다.

정원사 일은 조각가라는 꿈과 상관없는 것처럼 보이지만, 미켈란젤로는 정원사라는 처지에서도 꿈을 생각하며 마음을 쏟아서 일하였다. 그 정원에서 일하는 사람은 여럿이었지만, 그들은 그 일에서 다른 의미를 발견하지 못하였다. 미켈란젤로만이 다른 의미를 발견하고 그 일에 열심히 매진한 것이다. 자신의 꿈을 이룰 방법이 당장은 없었지만 정원을 가꾸면서 꿈에 다가갈 방법을 찾았고, 그 안에서 할 수 있는 일을 성실하게 실천하였다. 덕분에 영주의 눈에 띌 수 있었고, 소망하던 미술 학교에 입학할 수 있었다. 무엇이든 마음 속에 계속 그리다 보면 그것을 닮아 가게 되는 것이다.

나다니엘 호손의 《큰 바위 얼굴》에는, 꿈을 간직하고 살아가는 사람이 긍정적인 상상력으로 그 꿈을 바라볼 때 어떤 결과를 가져오는지가 잘 묘사되어 있다.

미국의 남북 전쟁 직후, 한 시골 마을에 살던 소년 어니스트는 어머니에게 마을 앞산에 있는 사람의 얼굴 형상을 한 큰 바위에 대한 전설을 들었다. 그 바위의 얼굴은 생김생김이 숭고하고 웅장하면서도 표정은 다정스러워, 마치 그 애정 속에 온 인류를 포용하고도 남을 것 같았다. 사람들은 그 바위를 '큰 바위 얼굴'이라 불렀는데, 언젠가 큰 바위 얼굴을 닮은 아이가 태어나 이 사회를 훌륭하게 이끌 것이라는 이야기가 전해 내려오고 있었다.

어니스트는 예언을 확인하는 날이 빨리 왔으면 좋겠다고 소망하였다. 그리고 인자하고 장엄한 형상을 한 큰 바위 얼굴을 바라보며, 어떻게 살아야 자신도 큰 바위 얼굴을 닮을까 생각하며 진실하고 겸손하게 살아갔다. 고등 교육을 받지는 못하였지만 그에게는 큰 바위 얼굴이 교과서와 같았다.

세월이 흘러 큰 바위 얼굴을 닮았다는 사람들이 나타나기 시작하였다. 하지만 결국 그들은 큰 바위 얼굴과는 거리가 먼 사람들이었다. 어니스트 는 실망하였지만 언젠가는 전설 속의 그 사람을 만나게 되리라는 희망을 버리지 않았다. 어니스트의 얼굴에 주름이 깊게 패고 머리에 허옇게 서리 가 내릴 즈음, 훌륭한 덕을 갖춘 시인이 마을에 찾아온다. 이미 그 시인의 시를 읽었던 어니스트는, 시의 내용으로 보아 그 시인이야말로 그토록 기 다리던 큰 바위 얼굴의 주인공이라고 확신하였다.

당시 성직자의 삶을 살아가던 어니스트는 시인을 데리고 군중들 앞에 섰다. 그리고 자신의 생각을 천천히 말하기 시작하였다. 그때 옆에서 그 이 야기를 듣던 시인이 갑자기 소리쳤다. "보시오! 보시오! 어니스트 씨야말 로 큰 바위 얼굴과 똑같습니다." 오랜 세월 큰 바위 얼굴을 닮으려고 바라 보고 명상하며 자신을 비춰 보던 어니스트가 바로 예언의 주인공이 되어 있던 것이다.

나다니엘 호손의 《큰 바위 얼굴》에서 주인공 어니스트는 큰 바위 얼굴 을 보며 닮고자 노력하였고, 결국 큰 바위 얼굴과 하나가 되었다. 긍정적인 상상력을 바탕으로 믿음을 가지고 바라보면, 오랜 시간이 흐른 후 마침내 그 상상은 현실이 되는 것이다.

'믿음은 바라는 바의 실상'이라는 말이 있다. 바라는 것이 이루어진다 는 것을 마음으로 믿을 때, 즉 긍정적으로 상상할 때 무형의 세계가 유형으로 변하여 눈앞에 다가오게 된다. 한 알의 씨앗을 땅에 뿌리면 훗날 수많은 열매를 맺게 되듯, 우리는 매일 크고 좋은 상상의 씨앗을 우리 마음의 밭에 뿌려야 한다.

농부가 씨를 뿌릴 때 토지를 의심하지 않는 것처럼, 긍정의 마음으로 미래의 결과를 그리고 바라보아야 한다. 상상력으로 좋은 계획이라는 씨앗을 만들고, 그것을 잠재의식의 밭에 뿌린 후 신념이라는 물을 주면, 새로운 창조가 이루어진다.

사람은 생각한 그대로의 사람이 된다는 말이 있다. 지금 내가 생각하는 것이 훗날 나의 모습이고, 현재의 나의 모습은 과거에 내가 생각하였던 것이 모여서 이루어진 것이다. 따라서 나의 주된 생각으로 자리 잡고 있는 것이 무엇이고, 그것을 긍정의 마음으로 바라보고 있는지 항상 점검해 보아야 한다.

2

최고급 자동차를 분해하고 조립한, 월터 크라이슬러

우리가 어떤 일에 몰입하기 위해서는 명확한 목표를 갖고 열정을 유지할 수 있어야 한다. 목표를 이루기 위해서는 힘들고 먼 길을 가야 할 때가 많다. 어떤 일에 종사하든 뚜렷한 목표와 열정이 결합하지 않으면, 성공으로 가는 길목은 좁아질 수밖에 없다. 만약 가슴속에 열정이 활활 타오른다면 눈앞에 놓인 장애물들은 안개처럼 사라지고, 자신 안에 숨겨진 무한한 잠재력이 드러나게 될 것이다.

크라이슬러 창업자인 월터 크라이슬러도 그러한 사람이었다. 그는 시간당 4센트의 급여를 받는 17살의 소년 견습공으로 출발하여 30살이 되던 해에 철도 회사에서 주당 200달러를 받으면서 감독관으로 근무하였다.

그는 어린 시절부터 기계에 대해 관심이 많았는데, 특히 기계 분해에 흥미가 있었다. 회사를 다니면서도 틈틈이 기계를 분해하고 조립하며 연구에 몰두하였다. 몇 년 후 사업을 하기로 결심한 그는 여러 방면으로 사업 주제를 알아보고 있었다.

그러던 어느 날 그에게 삶의 전환점이 되는 기회가 생겼다. 시카고에서 개최된 자동차 전시회에 들러서 자동차들을 구경하게 된 것이다. 멋진 자태를 뽐내고 서 있는 자동차를 보면서 크라이슬러는 자신이 앞으로 해야 할 사업의 주제를 정하였다.

자동차 사업을 하려면 자동차가 운행되는 원리를 아는 것이 먼저였다.

'도대체 어떤 원리로 자동차가 움직이게 되는 것일까?'

크라이슬러는 직접 그것을 알아보기로 하였다. 그런데 당시 그의 월급으로는 마음에 드는 멋진 자동차를 살 수 없었다. 결국 그동안 저축해 놓은 돈을 몽땅 털고 친구의 도움을 받아서, '로코모빌'이라는 최고급 자동차를 구입하였다. 자동차가 집에 도착하던 날, 마을 사람들 모두가 나와 차를 구경하면서 그를 부러워하였다.

하지만 마을 사람들은 크라이슬러의 행동 때문에 또 한 번 크게 놀라게 되었다. 주차하자마자 그가 자동차를 전부 분해하여서 마당에 잔뜩 늘어놓았기 때문이다. 그러고는 그것들을 다시 조립하기 시작하였다. 그렇게 분해하고 조립하기를 계속하였고, 사람들은 그가 미쳤다고 생각하였다.

"아니, 자네! 멀쩡한 고급 자동차를 왜 부수고 그러나? 잘 타고 다녀야지."

"여보, 이제 그만해요. 언제까지 그러고 있을 거예요?"

그의 아내도 참을 수 없어 짜증을 냈다. 하지만 그에게는 자동차의 원리를 완벽하게 아는 것이 중요하였다. 자동차 엔진 소음 때문에 잠을 설치게 된 주민들 역시 불만을 토로하였지만 그의 열정을 막지는 못하였다. 주변 사람들은 그의 이상한 행동에 고개를 갸우뚱할 뿐, 크라이슬러의 마음속에 어떤 계획이 자라고 있는지는 알지 못하였다.

그는 자신의 정신세계를 자동차로 가득 채웠다. 자동차와 함께 잠들고 자동차와 함께 일어났다. 매일 자동차를 분해하고 조립하면서 자동차의 특성과 원리를 깨우쳐 나갔고, 그 자동차의 장점과 단점도 알게 되었다. 그러면서 그의 마음속에는 자신이 직접 만든 자동차의 꿈이 자라고 있었다.

어느 날 크라이슬러에게 뜻밖의 기회가 찾아왔다. 뷰익 자동차 회사에서 공장 지배인으로 와 달라는 제의를 한 것이다. 크라이슬러는 제안을 즉시 수락하고 뷰익 자동차에서 일을 시작하였다. 그는 당시 다른 자동차보다 강성(剛性)이 뛰어난 철제 바디를 개발하는 등 자동차 업계에서 뛰어난 능력을 발휘하였으며, 결국 뷰익사의 부사장 자리까지 올랐다. 뷰익을 지엠(GM)의 가장 유력한 브랜드로 만든 뒤 그는 사임하였다. 회사 경영에 자신감을 갖게 된 그는 자신의 이름을 딴 크라이슬러 자동차 회사를 창립하고, 획기적인 경영 혁신과 기술 개발로 큰 성공을 거두었다.

"수많은 사람들이 성공하지 못하는 이유는 기회가 문을 두드릴 때 뒤뜰에 나가 네잎클로버를 찾기 때문이다."

이 말 속에 크라이슬러의 신념과 목표에 대한 열정이 묻어 있다. 그는 목표를 단순화하였고, 목표한 것에 대한 전문 지식을 쌓기 위해서 고급 자동차를 수도 없이 분해하고 조립하였다. 대부분의 사람들이 자기 분야에서 성공하지 못하는 이유는, 크라이슬러처럼 목표로 자신의 마음을 꽉 채우지 못하기 때문이다. 목표가 분명한 사람은 과감한 결단력으로 실행한다. 목표가 분명하지 않은 사람이 매일 자동차를 분해하고 조립하는 일을 할 수 있겠는가? 얼마나 많은 사람들이 오늘도 분명한 목표 없이 방황하며 하루를 보내고 있는가?

불명확한 목표는 불명확한 결과를 가져온다. 불명확한 목표는 방황하는 습관으로 이어지기 마련이다. 방황하고 머뭇거리는 습관을 버리겠다고 스스로 결단하지 않는 한, 아무도 그를 도와줄 수 없다.

인생에서 이루어야 할 중요한 목표가 없는 사람들은 모두 방황하는 사람들이라고 할 수 있다. 방황하는 습관과 결별하고, 목표를 세우고 스스로 사고하는 자주적인 마음으로 무장할 때, 인생의 어둠은 걷히고 밝은 빛이 비추게 될 것이다.

3

이야기를 만들던 어린 소녀, 조앤 롤링

《해리 포터》의 작가 조앤 롤링은 하버드 대학 졸업식 축사에서 "세상을 바꾸는 데 마법은 필요하지 않습니다. 우리 내면에 이미 그 힘은 존재합니다. 우리에겐 더 나은 세상을 상상할 수 있는 힘이 있습니다."라고 하였다.

그녀의 인생 이야기는 《해리 포터》보다 더 흥미진진하다. 그녀의 인생은 모험으로 가득 차 있으며, 슬픔과 좌절을 지나 극적인 반전을 통해 해피엔딩으로 이어져 있다. 우리는 세상을 살면서 힘든 큰일이 없기를 바란다. 안정된 생활, 그것이 대부분 사람들이 추구하는 삶의 방식이다. 롤링 또한 스스로 실패나 좌절을 원하였던 것은 아니다. 그저 운명처럼 고난과 역경이 밀어닥쳤다. 그런데 그 사람이 가진 힘의 정체는 바로 그때 드러나는 법이다. 고난과 역경에 대처하는 방식이 사람마다 다 다르기 때문이다.

영국 빈민가의 허름한 아파트, 쥐가 들끓고 난방조차 되지 않는 좁은 방 안에서 정부가 지원하는 최저 생계비를 받아 생활하면서, 끼니만 이어가는 것도 다행이라 생각하는 한 이혼녀가 있었다. 그녀는 이러한 상황에서도 자신의 꿈을 종이에 옮기는 것을 게을리하지 않았다. 어렸을 적부터 자신에게 남과 다른 상상력이 있다고 믿고 있었기 때문이다.

롤링은 1965년 영국에서 태어났다. 어려서부터 책 읽기를 좋아하였던 그녀는 친구들에게 이야기를 만들어 들려주기를 즐겼다. 그녀는 6살 때 '토끼' 이야기를 지어내, 2살 아래 여동생에게 들려주었다.

그 이야기의 내용은 주인공 토끼가 홍역에 걸려 집에 누워 있는데, 동물 친구들이 병문안을 온다는 것이었다. 그녀는 동생에게 들려준 그 이야기를 곧 연필로 적어 나가기 시작하였다. 이것이 롤링의 생애 첫 작품이었다. 그리고 10살 무렵에 두 번째 작품인 《일곱 개의 저주 받은 다이아몬드》라는 단편 소설을 썼다.

조앤 롤링의 유년기와 청소년기는 끊임없이 책을 읽고 이야기를 만들어 나가는 삶의 연속이었다. 그녀는 특히 C.S.루이스의 《나니아 연대기》와 제인 오스틴의 《에마(Emma)》를 즐겨 읽었다. 대학 시절 고전과 신화 이야기에 관심이 많았던 조앤은 톨킨의 《반지의 제왕》을 너덜너덜해질 때까지 읽었다고 한다. 이렇게 글쓰기를 즐기고 고전을 반복해서 읽는 습관은, 그녀가 《해리 포터》 이야기를 쓰는 데 훌륭한 밑천이 되어 주었다.

불문과를 졸업한 그녀는 런던의 작은 회사에 비서로 취직하였으나, 틀에 짜인 직장 생활에 적응하지 못하고 회사에서 쫓겨났다. 그 후 맨체스터에 있는 직장으로 옮겼다. 런던에서 맨체스터로 기차 통근을 하던 시절, 그녀는 기차에서 책을 읽거나, 글을 다듬거나, 바깥 풍경을 바라보는 혼자만의 즐거움을 누리곤 하였다. 《해리 포터》는 바로 이 기차 안에서 탄생하였다.

그녀는 1990년 6월 어느 날 일을 마치고 런던으로 돌아가던 도중, 기계 장치에 문제가 생겨 기차가 4시간가량 지체할 것이라는 안내 방송을 듣게 된다. 차창 밖으로 풀을 뜯고 있던 홀스타인 얼룩소들을 바라보다가, 문득 해리에 관한 아이디어가 떠올랐다고 한다.

'자신이 마법사라는 사실을 알지 못한 채 우연히 마법 학교에 가게 된 소년.' 머릿속에는 마법 학교에 입학하라는 통지서를 받을 때까지 자신이 마법사인지 몰랐던 소년에 관한 이야기가 그려졌다. 조앤 롤링은 눈을 감고 해리에 대한 상상을 계속하였다. 기차가 런던에 도착하였을 때는 이미 《해리 포터》 제1권의 기본 구상이 완성되었고, 그녀는 자신의 방으로 들어가 상상한 내용을 미친 듯이 적어 나갔다. 맨체스터에서 직장 생활을 하면서 롤링은 소년 마법사의 모험담을 구체화해 나갔다.

《해리 포터》에 등장하는 인물의 이름과 성격, 장소는 조앤 롤링의 어린 시절 경험을 바탕으로 하고 있다. 가령, 해리 포터의 성(姓) '포터'는 롤링과 절친하였던 친구 이름에서 가져왔고, 덤블도어와 스네이프의 성격은 그녀가 학창 시절에 만난 여러 교사에게서 가져왔다.

그런데 생활이 안정되어 갈 즈음, 롤링의 어머니가 동맥 경화로 갑자기 돌아가시게 된다. 슬픔과 충격에 휩싸인 그녀는 회사를 그만두고, 해리 이야기에 몰두하며 어려움을 이겨 내기 위해 노력한다. 그러던 중 포르투갈에서 영어 교사를 모집한다는 소식을 듣고 건너가서 영어 교사가 되었다.

이후 결혼도 하였지만 순탄하지 못한 결혼 생활은 결국 파경을 맞게 된다. 다시 영국으로 돌아와 아이를 키우며 보조금으로 생활하는 어려운 나날이 계속되었다. 절망스러운 상황이었지만 그녀는 계속해서 글쓰기를 포기하지 않았다.

첫 구상으로부터 5년만인 1995년, 조앤 롤링은 드디어 첫 원고를 완성하였다. 생활고에 시달린 그녀는 소설을 완성한 후 복사할 돈이 없어서, 원고를 두 번이나 타자기로 쳐서 옮겼다. 하지만 처음 원고를 본 출판사들은 다들 출판을 거절하였다. 그들이 출판을 거부한 이유는 대부분 이러하였다.

"아이들 책으로는 너무 깁니다."

롤링의 첫 책이 320쪽이나 되다 보니 거의 이러한 반응이었고, 세계적인 출판사 하퍼콜린스, 펭귄 등 열두 곳에서 출판을 거부하였다. 그들은 원고를 받아 놓고도 롤링의 상상력과 창의력을 알아보지 못하였다.

그런데 신생 출판사인 블룸스버리는 《해리 포터》의 진가를 알아보고 출판을 결정하였다. 블룸스버리의 뉴턴 사장은 원고를 대하는 방식이 기존 출판사와 달랐다. 그는 직원들에게 원고를 돌려 읽으라고 하지 않고, 8살난 자신의 딸에게 먼저 읽어 보라고 하였다. 잠재 독자인 딸의 반응이 더 중요하다고 여긴 것이다. 그의 딸은 롤링이 기차가 연착하여 《해리 포터》를 구상하던 딱 그 시간만큼 단숨에 원고를 읽고 2권을 달라고 재촉하였다. 딸의 반응을 보고 사장은 출판하기로 결심하였다.

책은 출간하자마자 놀라운 속도로 팔렸다. 《해리 포터》는 200개국에서

70여 개의 언어로 출판되어 4억 5천만 부 이상 팔렸다. 마법과 같은 일이 일어난 것이다. 그녀 말대로 마음속에 상상의 힘이 있었기에 세상을, 현실을 바꿀 수 있었던 것이다.

조앤 롤링은 집 앞 커피숍에서, 영국에서, 포르투갈에서, 기차 안에서 매일 같이 소설을 쓰는 데 몰입하였다. 그녀에게는 소설을 완성하고자 하는 분명한 목표가 있었다. 5년이라는 시간은 결코 짧은 시간이 아니다. 분명한 목표가 없는데 하나의 작품을 위해 매일 원고를 써 나가는 일이 가능하겠는가? 더구나 환경과 여건도 전혀 도움이 되지 않는 상황이었다.

목표를 세우고 긍정적 상상력을 결합하여 날마다 계획을 실천해 나간다면 자연법칙에 따라 커다란 결실을 맺게 된다는 것을, 롤링의 사례를 통해 배울 수 있다.

4

최고의 웅변가,
데모스테네스

인생은 태어나자마자 경쟁의 연속이며, 우리는 치열한 삶의 전쟁터에서 힘겹게 살아가고 있다. 좋은 조건에서 태어나도 자칫 대열에서 낙오할까 봐 전전긍긍하고, 부모들은 자녀에게 좀 더 좋은 조건과 환경을 만들어 주기 위해 오늘도 노심초사하고 있다.

그런데 자기를 돌보아 줄 든든한 부모도 없고, 신체 조건마저 정상인에 크게 못 미친다면, 그러한 사람이 험난한 세상에서 제대로 살아갈 수 있을까? 병약한 신체 조건과 말더듬이로, 일찍 아버지를 여의고 가난 속에서 각고의 노력 끝에 최고의 웅변가가 되어 역사를 움직인 이가 있었다. 우선 그의 연설 현장으로 들어가 보자.

기원전 338년, 한 사내가 주먹을 휘두르면서 아테네 시민들에게 사자후를 토하며 연설하고 있었다.

"여러분! 아테네를 사랑하기를, 우리들의 부모와 같이, 우리들의 아내와 같이, 우리들의 형제자매와 같이, 우리들의 친구와 같이 한다면, 여러분들은 이제 단호히 결심하지 않으면 안 됩니다. 여러분! 저 마케도니아 군대의 군마 소리가 들리지 않습니까? 모두 다 일어나십시오! 앉아 있는 사람은 일어나십시오! 서 있는 사람은 달리십시오! 그리고 목숨을 걸고 전진하여 아테네의 국경 방어선을 죽음으로 지킵시다!"

풍전등화의 위기에 처한 조국 아테네를 마케도니아의 왕 필리포스 2세로부터 지키기 위해 이 웅변가는 혼신의 힘을 다하였다. 그런데 그의 연설이 끝나기도 전에 시민들의 반 이상이 전선으로 달려갔다고 하니, 그의 연설이 얼마나 시민들의 마음을 격동시켰는지 짐작할 만하다. 고대 그리스의 데모스테네스는 한번 입을 열면 사람들의 혼을 빼놓는 최고의 웅변가였다. 그는 어떻게 최고의 웅변가가 될 수 있었을까?

데모스테네스는 아테네의 유복한 집안 출신이었다. 그의 아버지는 공장을 두 개나 소유한 재력가이자 고위층이었다. 그는 아버지의 재력과 권력을 이어받아 아테네의 유력한 인물이 될 수 있었다. 그러나 그는 아버지의 명성을 잇기에는 여러 가지로 부족한 면이 많았다. 우선 데모스테네스는 너무나 허약하였다. 그의 어머니는 아들의 건강을 염려한 나머지 그가 체육 시간에 씨름판에 나가는 일 등은 엄두도 내지 못하게 하였다. 가정교사들도 위험할 것 같은 공부는 시키지 않았다. 설상가상으로 그가 7살 때 그의 아버지가 사망하였다. 아버지의 갑작스런 사망으로 막대한 유산도 잃고 말았다. 데모스테네스의 두 가정 교사가 교묘히 그의 가족을 속이고 재산을 강탈한 것이다.

선천적으로 병약한데다 말더듬이였던 데모스테네스에게는 모든 상황이 힘겹고 괴로웠다. 친구들에게도 놀림감이 되기 일쑤였다. 말을 더듬고 발음이 부정확하고 횡설수설하였으며, 호흡이 짧아 말하는 모습이 우스꽝스러웠으니 당연한 결과였다. 자연스럽게 그는 사람들을 멀리하고 일정한 거리를 유지하며 자신을 소외시켰다.

그러다 15살이 되던 해 어느 날 청중들 틈에 끼어 몰래 재판을 듣게 되었다. 데모스테네스는 당대 최고의 웅변가인 칼리스트라투스의 변론을 듣고 말의 힘에 매료되었다. 모든 것을 지배하고 길들일 수 있는 말의 능력을 기르고 싶어졌다. 우선은 변론을 대신 작성해 주는 일부터 시작하였다. 아직 말에 자신이 없었으므로 먼저 논리적으로 사고하는 힘을 기르고, 정치·경제·법률에 대한 소양을 쌓을 시간도 필요하였기 때문이다. 그는 제법 일을 잘하였기 때문에 어느 정도 유명해졌고, 재정적으로도 안정이 될 수 있었다.

한편 데모스테네스는 지독한 학습자였다. 역사와 문화에 관심이 많았던 그는 투키디데스[고대 그리스의 역사가. 기원전 5세기 후반 아테네에서 활동하였으며, 교훈적·실용적 역사학의 시조(始祖)로 불린다]를 공부하면서 펠로폰네소스 역사에 관심을 키워 갔다. 그는 막힘없이 외울 수 있을 때까지 《펠로폰네소스 전쟁사》를 8번이나 손으로 옮겨 적었다.

법적으로 성인 나이가 되자 그는 아버지의 유산을 가로챘던 가정 교사에게 소송을 걸었다. 데모스테네스는 그들이 부친과의 약속을 이행하지 않았고, 가족에게 주어야 할 재산을 주지 않았다는 사실을 증명하였다. 그는 이 재판에서 일부 승소를 하였지만 재판을 더 진행하지는 않았다. 그의 마음속에는 더 큰 웅지가 자라고 있었기 때문이다. 그는 웅변술을 통해 정치 투쟁에 참여하였다.

하지만 처음부터 그의 연설이 사람들의 환호를 받은 것은 아니었다. 그가 처음 연설하였을 때 시민들은 야유를 퍼부었고 심한 욕설도 하였다. 그의 연설이 싱겁고 지루한데다 논리적이지도 않았고, 목소리가 너무 작고 횡설수설하였으며, 호흡이 짧아 자주 멈추는 바람에 내용을 이해하기 어려웠기 때문이다. 그는 여러 번 모욕을 당하고 쫓겨나기도 하였다. 데모스테네스는 반드시 이 문제들을 고쳐야겠다고 다짐하였다.

그는 연극배우인 친구 사티로스에게 어법, 억양, 강세와 무대 동작 등을 배웠다. 데모스테네스는 연극의 긴 구절을 외우며 자신의 발음을 교정해 나갔다. 또 집에 지하실을 만들어 날마다 그 안에 들어가 웅변 연습을 하였다. 외출하거나 다른 일을 하고 싶은 유혹을 막기 위해 머리를 반만 깎고 반은 그대로 두었다. 그는 문장을 다듬고, 연설문을 만들고, 어조를 조절하고, 목소리를 가다듬으며 처절하게 자신과의 싸움을 계속하였다.

훗날 그는 친구 디미트리오스에게 말 더듬기와 부정확한 발음을 고치기 위해 입안에 조약돌을 물고 연설문을 외웠다고 고백하였다. 선천적으로 폐활량이 적어 호흡이 짧다는 단점은 가파른 산을 뛰어오르면서 긴 연설문을 외우는 것으로 극복하였다.

이렇게 자신의 단점을 극복하기 위한 공부를 마치고 다시 아테네 시민들 앞에 섰을 때, 데모스테네스는 더 이상 나약하고 횡설수설하는 겁쟁이가 아니었다. 그는 이제 누구도 필적할 수 없는 최고의 웅변가가 되어 있었다. 데모스테네스의 목표는 명확하였다. 그의 신체적인 조건은 매우 불리하였지만 목표를 향한 그의 발걸음은 분명하였다. 그는 주저하거나 포기하지 않았다.

명확한 목표를 가진 사람은 쉽게 목표를 변경하거나 중도에 멈추지 않는 법이다. 목표 없이는 성공도 없다. 분명한 목표는 우리가 흔들리지 않고 앞으로 나아갈 수 있도록 도와준다.

5

농구 황제
마이클 조던의 목표

존스 홉킨스 병원을 건립하고 하버드 대학에서 강의하였던 의사 윌리엄 오슬러가 사망한 후 하버드 대학 도서관이 그의 경력을 정리해서 발표하였는데, 그 분량이 두꺼운 책 2권 정도였다고 한다. 하지만 이러한 그도 젊은 시절, 미래에 대한 불안 때문에 많은 방황을 하였다. 어느 날 책의 한 구절을 읽게 되었는데, 그것이 오슬러의 인생의 태도를 완전히 바꾸어 놓았다. 그 구절은 이러하였다.

"모호한 내일을 생각하는 것은 중요하지 않다. 지금 해야 할 확실한 일을 하는 것이 중요하다."

궁수(弓手)는 활을 쏠 때 과녁을 향해 온 신경을 집중시킨다. 만약 집중력이 흐려지면 시위를 떠난 화살은 과녁에서 멀어지고 만다. 과녁이라는 목표에 집중하지 못하면 절대 명중시킬 수가 없다. 이와 같이 우리가 어떤 일에 몰입하고 성과를 내기 위해서는 우선 목표가 분명해야 한다.

시험 기간이 다가오면 누구나 평소보다 더 열심히 공부하게 된다. 그리고 시험 준비를 하는 동안은 보통 때보다 공부가 훨씬 잘되는 것을 느끼게 된다. 그것은 시험이라는 분명한 목표가 있기 때문이다. 바둑이나 장기, 체스를 둘 때도 매우 빨리 몰입하게 된다. 이러한 상황에서 몰입이 잘 되는 이유는 승리라는 분명한 목표가 주어져 있고 규칙이 간단하며, 일의 진척도를 바로바로 파악할 수 있기 때문이다.

등산이 취미인 사람들은 거의 매주 산을 오른다. 산의 정상에 도달한다고 해서 돈이 생기는 것도 아닌데 땀을 뻘뻘 흘리면서도 재미를 느끼며 올라가는 것은, 그 산에 올라가야겠다고 마음먹은 사람이 자기 자신이기 때문이다. 산에 올라간다는 목표를 스스로 정하였기 때문에 힘든 것도 이겨내고 재미도 느끼는 것이다.

이와 같이 목표는 대상이 분명해야 한다. 브라이언 트레이시는 그의 책에서 "목표를 설정하고 그것을 성취하기 위한 계획을 세우는 능력이 바로 '성공의 핵심 기술'"이라고 말한 바 있다. 분명한 목표를 갖고 그것을 이루기 위해 노력하는 것이 성공한 사람들의 공통적이고 필수적인 특징이라는 사실은 널리 알려져 있다.

《하버드 MBA에서도 가르쳐 주지 않는 것들》이라는 책에 흥미로운 조사 결과가 실렸었다. 1979년 하버드 경영대학원 졸업생들을 대상으로 '명확한 목표를 세우고 그것을 기록하였으며, 그것을 성취하기 위해 계획을 세웠는가?'라는 질문을 하였다. 그 질문에 3%의 학생은 명확한 목표를 세웠으며 그것을 기록하였다고 응답하였다. 그리고 13%는 목표는 있지만 기록하지는 않았다고 하였다. 나머지 84%는 졸업 후 구체적인 계획이 아직 없다고 하였다.

그로부터 10년 후인 1989년에 연구자들은 그들을 대상으로 다시 인터뷰를 진행하였다. 그런데 인터뷰 결과 그들 사이에 커다란 경제적 차이가 있음을 발견하였다. 목표가 있었지만 그것을 기록하지 않은 13%는 목표가 전혀 없었던 84%의 학생들에 비해 평균적으로 두 배 이상의 수입을 거두고 있었다. 그리고 더 놀라운 사실이 있었는데, 명확한 목표를 적어 놓았던 3%는 나머지 97%의 졸업생들에 비해 평균 10배 이상의 수입을 거두고 있었다.

그들 그룹 사이에 학력과 지능의 차이는 없었다. 그들을 구분 지은 가장 큰 차이점은, 졸업 후에 무엇을 할 것인지 명확하고 구체적인 계획을 기록하였느냐 하는 점이다. 즉, 성공한 사람들은 정확한 목표와 그것을 이루기 위한 명확한 계획이 있었으며, 그것을 기록하여 구체화하였다.

여기서 중요한 것은 '명확한 목표'의 가치이다. 많은 사람들에게 목표가 무엇이냐고 물어보면 '부자가 되고 싶다'거나, '경제적인 자유를 갖고 싶다'고 말한다. 그런데 과연 이러한 것을 목표라고 할 수 있을까? 또 학생들은 '공부를 잘하고 싶다'거나 '좋은 성적을 받고 싶다'는 것을 목표로 이야기하는 경우가 많다. 마찬가지로 이것들 또한 목표가 될 수 있을까?

이 물음은 '과연 이것들이 명확한가?'라는 기준에 비춰 보면 알 수 있다.

목표가 분명하지 않으면 명확하지 않은 결과가 나올 수밖에 없다. 공부를 잘하고 싶다거나 부자가 되고 싶다는 것은 막연한 바람에 불과하다.

목표를 세울 때는 '명확'하게 세우는 것이 중요하다. 막연한 '바람'을 목표라고 착각하고 살아간다면, 과녁에 맞춰야 할 화살을 엉뚱한 곳에 쏘듯이 힘과 에너지를 분산시키고 말 것이다. 목표를 정할 때는 신중하게 생각해서 정해야 하며, 정한 목표는 자주 볼 수 있도록 써서 붙여 놓거나, 가지고 다니는 것이 좋다. 그래야 목표가 나의 마음속에 깊이 자리 잡아 변화를 실천할 수 있다. 무슨 일을 하든 집중과 몰입을 하지 않으면 좋은 성과를 낼 수 없다.

일을 많이 하는 것이 중요한 것이 아니라, 얼마나 질적으로 우수하였느냐가 핵심이다. 그리고 집중력을 향상하고 이를 유지하기 위해서는 '능동적'으로 집중하는 태도가 중요하다. 장기적인 큰 목표를 정하였다면 그 아래 단기 목표를 정하고, 하루의 목표나 그날 할 일의 분량을 정하는 세부적인 작은 목표를 세워 꾸준히 실천한다면, 그동안 만들지 못하였던 커다란 결과를 확인하게 될 것이다.

전설적인 농구 황제 마이클 조던은 "나는 언제나 '최고가 된다'는 궁극적인 목표를 가지고 있었다. 하지만 무슨 일을 하든 한 걸음씩 나아가기 위해 언제나 단기적인 목표를 세웠다. 지금 돌이켜 보니 각각의 단기적인 목표나 성공이 다음 목표를 이루어 준 것 같다."라고 하였다. 그는 실현 가능한 단기 목표를 세웠고, 그 목표를 이룬 다음에는 또 다른 목표를 세웠다. 그리고 그것이 이루어지는 모습을 상상하였다. 여기에 바로 성공의 핵심 원리가 들어 있다.

많은 학자들의 연구와 성공한 사람들의 경험에 의하면, 우리의 두뇌에는 목표 성취를 향해 착오 없이 안내해 주는 성공 시스템이 작동하고 있다고 한다. 이것은 마치 운전할 때 내비게이션에 목적지를 입력해 놓으면 경로를 이탈할 때마다 피드백해 주듯이, 우리가 나아갈 방향을 자동으로 일깨워 준다. 두뇌의 이러한 구조 덕택에 우리가 목표를 명확히 하고 끈기 있게 계속 집중하기만 하면, 어떤 목표라도 거의 대부분 성취할 수 있게 된다. 그러므로 성공하기 위해서 우리에게 정말 중요한 문제는, 우선 목표를 잘 세우는 것이다.

6

성공 철학의 거장,
나폴레온 힐

성공학의 대가들은 "무슨 일이든 성공하고 싶다면 반드시 명확한 목표가 있어야 하며, 그것이 그에게 방향을 제시하고 끊임없이 노력하게 한다."라고 이구동성으로 말한다. 방황하는 인생에 종지부를 찍으려면 명확한 목표가 있어야 한다. 마음속에 선명하게 그려진 목표는 우연과 필연의 과정을 거쳐, 충분한 시간이 흐른 뒤 그 모습을 드러내기 마련이다.

어릴 때부터 큰 작가가 되기를 꿈꾸었던 한 젊은이는 우연히 한 사람을 만남으로써 인생의 행로를 완전히 바꾸게 된다. 그리고 후대 사람들에게까지 영향을 끼치는 불멸의 '성공 철학'을 집필하였다. 그가 바로 현대 성공철학을 체계화한 사상가 나폴레온 힐이다. 이제 그 우연한 만남의 순간으로 들어가 보자.

1908년 늦가을 나폴레온 힐이라는 젊은이가 철강왕 앤드루 카네기를 만났다. 잡지사의 새내기 기자였던 힐은 그의 성공담을 듣기 위해 3일 밤낮으로 그를 취재하였다. 그런데 취재 중에 카네기로부터 독특한 제안을 받았다. 거대한 철강 사업으로 막대한 부를 축적한 카네기는 자신의 부를 어떻게 사용하고 분배할 것인지에 관심을 가지고 있었다. 그에 대해 고민하던 중, 자신이 부자가 된 가장 중요한 원리는 적절한 '지식'과 '인간관계'에 있음을 깨달았다. 그리고 그 원리를 하나의 철학으로 정리하여 성공을 꿈꾸는 많은 사람에게 알려 주자는 목표를 갖게 되었다.

카네기는 그러한 철학을 제대로 정리하려면, 자신뿐만 아니라 에디슨이나 포드처럼 한 분야에서 거대한 업적을 남긴 사람들을 만나 그들의 성공 원리를 비교·분석하여 하나로 체계화하는 것이 필요하다고 판단하였다. 또 그렇게 하려면 적어도 20년 이상이 걸릴 것으로 내다보았다.

카네기는 그 일을 감당할 적절한 인물을 찾았다. 그가 힐을 만났을 때는 이미 250명 이상의 젊은이들이 그의 면담을 거친 다음이었다. 그때까지 카네기는 그의 원대한 목표를 감당할 적당한 인물을 만나지 못하였다. 그러다 힐과 만나 이야기를 나누던 중, 이 사람이라면 그 일을 감당할 수 있지 않을까 하는 기대를 하게 되었다.

카네기는 자신의 성공 스토리를 차근차근 이야기하였다. 아무리 보잘것없는 노동자라 할지라도 마음의 중심을 잡고 실천하면 막대한 부를 축적할 수 있는 성공 철학이 있다면서, 사람들이 얼마나 그 원리를 알고 싶어하는지 아느냐, 당신도 궁금하지 않느냐고 물었다. 호기심으로 충만한 그의 얼굴을 보면서 카네기는 이렇게 질문하였다.

"이제 새로운 성공 철학에 대한 내 생각을 이해하였을 겁니다. 이제 나의 질문에 간단하게 '예', '아니오'로 답하면 됩니다. 내가 당신에게 최고의 성공 철학을 완성할 기회를 주고, 인터뷰할 사람들도 소개해 주겠소. 이일을 마무리 짓기까지 20년 이상의 세월이 걸릴 것이오. 이 일을 맡아서 마무리 지을 자신이 있소?"

갑작스런 제안에 놀랐지만, 힐은 진지한 표정으로 간결하게 대답하였다.

"제가 그 일을 맡아서 완성해 보겠습니다."

이로써 힐은 세계 최고의 갑부와 새로운 계약을 맺었고, 또 생각지도 못한 기회를 잡았다는 생각이 들었다. 그런데 다시 한번 반전이 기다리고 있었다.

"좋소. 대답하는 태도를 보니 당신은 성공 철학에서 가장 중요한 '명확한 목표'의 자질을 지니고 있군요. 그럼, 꼭 필요한 또 하나의 자질이 있는지 봐야겠군요. 내가 제안한 그 일, 성공 철학을 완성하는 데는 20년 이상의 세월이 걸릴 것이오. 그 기간 동안 나는 당신에게 연구에 도움이 될 만한 적당한 인물들을 소개해 주겠소. 그러면 당신은 그 사람들을 만나 인터뷰하고 그것들을 체계적으로 정리해 나가야 합니다. 그런데 그에 필요한 경비는 스스로 조달해야 합니다. 아무런 보수가 없더라도 끝까지 잘 연구할 자신이 있습니까?"

순간 힐은 자신이 잘못 들은 것은 아닌지 귀를 의심하였다. 세계 최고의 부자가 제안한 일을 하는데 보수를 한 푼도 받을 수 없다니, 충분히 당황할 만하였다.

"그렇게 중요한 일을 제안하면서 경비를 지원하지 않는 이유를 알 수 있을까요?"

힐의 질문에 카네기는 앞으로 다가 앉으며 말하였다.

"돈이 아까워서 그러는 게 아니오. 보상이 없어도 순수한 봉사의 의미로 그 일을 할 수 있는 충분한 그릇이 되는지 알고 싶어서 그럽니다. 사실 인생에서 성공하였다고 평가 받는 많은 사람들이 보수를 얻기 위해서라기보다는 봉사 정신을 따랐다는 사실을 기억했으면 하오. 나는 그동안 여러 개인과 단체에 재정적인 지원을 하였던 것이 사실이오. 하지만 그렇게 함으로써 좋은 일보다는 부정적인 일이 많았었고, 지원 받은 이들에게 꼭 긍정적인 영향을 미치는 것은 아니라는 것도 알게 되었소. 만약 당신이 내가 준 이 기회를 잘 활용한다면, 내가 가진 부(富)의 규모를 능가하는 엄청난 부와 명예를 그 보상으로 받게 될 것이오. 연구를 하면서 당신은 거장들의 탁월한 경험과 지식을 모두 흡수하게 되고, 마침내 성공 철학에 통달하게 될 것이오. 그 결과 세상에 거대하고 선한 영향력을 행사하게 될 것이고, 아직 세상에 태어나지 않은 후세 사람들에게까지 그 영향력이 미치게 될 것이오. 다른 사람을 부자로 만드는 사람은 그에 상응하는 보상을 받기 마련입니다. 이 일을 함으로써 가장 큰 보상을 받는 사람은 당신 자신이 될 것이오."

힐은 다시 한번 카네기의 제안을 받아들였다. 그리고 성공 철학의 핵심은 '명확한 목표'와 '타인의 이익을 위해 일하는 습관'이라는 교훈도 얻었다. 즉, 타인에게 도움이 되는 바탕 위에 명확한 목표를 세우는 것이 중요한 것이다.

자신만을 위해 타인의 행복이나 권리를 침해하면서 얻는 목표라면 다시 검토할 필요가 있다. 목표의 중요성에 대해 강조하다 보니 다른 것은 고려하지 않고 목표만 잘 세우면 될 것이라고 생각하는 사람들이 있는데, 카네기의 이 이야기를 귀담아들을 필요가 있다.

이렇게 카네기의 제안을 받은 힐은 누구도 걸어 본 적이 없는 길을 나섰다. 그 길을 가는 동안 많은 고초를 겪었고 가족들의 지지도 받지 못하였지만, 힐은 약속된 시간을 온전히 지켜 냈다. 그 사이 그에게 성공 철학의 씨앗을 뿌려 준 카네기도 저세상 사람이 되었다. 20여 년이 흐른 후 힐은 성공 철학을 체계화한 《성공의 법칙》을 출간하였다. 그리고 책은 세상 곳곳으로 퍼져 나갔다. 용기와 의욕을 잃고 절망에 신음하던 사람들이 책을 읽은 후 슬픔을 자르고 새 희망의 광장으로 나왔다. 그가 세상을 떠난 지 수십 년이 지났지만, 그의 책은 남아서 수많은 지구촌 형제들을 일으켜 세우고 있다.

꿈의 사람

청소년 미켈란젤로는 정원사로 일하면서도 조각가의 꿈을 버리지 않고 노력하였습니다. 마침내 영주의 도움으로 미술 학교에 입학할 수 있었고, 훌륭한 예술가로 성장하게 되었습니다. 비슷한 사례를 알고 있으면 이야기해 주세요.

꿈을 포기하지 않고 노력하였던 사람

예 존 고다드 – 열다섯 살 때 그는 자신의 할머니와 숙모가 말씀하시는 것을 엿들었다. "이것을 내가 젊었을 때 했더라면…". 고다드는 '했더라면'을 듣고, 자리에 앉아서 자신의 삶에서 행하기를 원하는 것이 무엇인지 결정하였다. 그는 종이 한 장을 가져다 놓고 '나의 인생 목표'라고 쓴 후 그 아래에 127가지의 목표들을 적어 내려갔다. 그는 평생동안 노력해서 그때 적은 목표 대부분을 이루었다.

①

②

③

나의 관심 분야

크라이슬러는 어릴 때부터 기계에 관심이 많았습니다. 자신은 어떤 분야에 관심을 갖고 있는지 3가지만 적어 보세요.

나의 흥미 관심 분야

예 꽃이나 나무를 키우고 관찰하는 것이 재미있다.

예 다른 사람의 말과 행동을 그대로 따라 하거나 흉내 내는 것을 잘하고 좋아한다.

예 운동하는 것이 즐겁고 특히 축구가 재미있다.

①

②

③

이익을 주는 사람

다른 사람에게 도움을 주고, 이익을 줄 때 그것이 직업이 될 수 있습니다. 나는 세상 사람들에게 어떤 도움이나 이익을 주는 사람이 되고 싶은가요?

다른 사람의 이익을 위해 일하면 나에게는 어떤 점이 좋은가요?	예 나의 실력이 개발된다. 예 더 많이 연구하게 된다. ① ② ③
내가 훗날 세상 사람들에게 주고 싶은 도움이나 이익	예 지금보다 더 편리하고 빨리 달리는 자동차를 개발하여 공급하겠다. 예 새로운 전염병에 대비하여 백신을 연구하여 개발하겠다. ① ② ③ ④ ⑤ ⑥ ⑦

단기 목표

데모스테네스의 목표는 훌륭한 웅변가가 되는 것이었습니다. 그는 불리한 신체 조건을 극복하기 위해 피나는 훈련을 거듭하였습니다. 현재 내가 꼭 이루고 싶은 단기(短期, 3~6개월 내) 목표는 무엇이며, 그것을 달성하기 위해 어떤 노력을 하고 있거나, 하고 싶은가요?

꼭 이루고 싶은 단기(短期, 3~6개월 내) 목표	그것을 달성하기 위해 노력을 하고 있거나, 하고 싶은 일
예 국어 성적을 3등급에서 2등급으로 끌어 올리겠다.	예 국어 공부 시간을 평균 매일 30분 더 늘리고, 수업 전날 국어 교과서를 3회 정독하고 간다. 단원이 끝날 때마다 참고서의 문제를 풀고, 최소 3번 문제 풀이를 반복한다. ① ② ③ ④ ⑤ ⑥ ⑦

장기 목표

하버드 MBA 졸업생들은 '명확한 목표'의 유무에 따라 많은 성공의 차이가 발생하였습니다. 내가 꼭 달성하고 싶은 명확한 목표가 있습니까? 3%의 학생들처럼 명확하고 구체적으로 적어 보세요.

달성하고 싶은 명확한 장기(長期) 목표

예 1. 2040년까지
2. 대한민국 개인 유튜브 방송 순위 10위 안에 들 것이다.
3. 주1회 이상 콘텐츠를 올리고, 주변 사람들의 평가를 반영하여 계속 업그레이드 한다. 주제는 시사 문제를 다루는 뉴스와 비평 형식으로 한다.
4. 천편일률적인 베끼기 뉴스에서 벗어나야 하고, 사건의 배경과 본질을 알려 주는 비평 뉴스가 부족하기 때문에 시민들에게 꼭 필요하다.

1. 언제까지?

2. 무엇을?

3. 어떤 방법으로?

4. 그것을 달성해야 하는 이유는?

자주 생각하는 것

내가 주로 생각하였던 것이 시간이 흐르면 현실로 나타나고는 합니다. 원하는 현실을 만들려면 해당 주제를 자주 생각해야 합니다. 그와 관련하여 비슷한 경험을 한 적이 있습니까? 내가 요즘 자주 생각하는 것은 무엇입니까?

자주 생각하였더니 나중에 현실이 된 일은?	예 영어 시험을 잘 봐서 좋은 성적을 얻고 싶었는데 결국 성적이 향상되었다. 예 유럽 여행을 가고 싶었는데 마침내 갈 수 있었다. ① ② ③
내가 요즘 자주 생각하는 목표 (희망, 기대)와 관련된 일은?	예 **대학의 **과를 진학할 생각을 자주 한다. 예 세계적인 영화감독이 되어서 오스카상을 수상하는 상상을 한다. ① ② ③

PART 03

공부

공부와
진로

1

생각 주간으로 최고의 기업을 만든, 빌 게이츠

마이크로소프트(MS)의 창업자 빌 게이츠는 CEO로 왕성한 활동을 하는 중에도, '생각 주간(think week)'을 꼬박꼬박 가졌다고 한다. 빌 게이츠는 일 년에 두 번씩 미국 서북부 지역의 작은 별장에 홀로 칩거하며, 마이크로소 프트사의 장래, 더 나아가 디지털 세계의 향방을 결정지을 아이디어와 전 략을 창출하는 '생각 주간'을 가졌다. 이 기간에 혼자만의 시간을 갖기 위 해 하루 2번 음식을 배달하는 관리인을 제외하고는 그 누구와도 연락을 아예 끊었다는 이야기는 유명하다.

"고요한 호숫가에 2층짜리 통나무집이 있다.

아침 해가 막 떠오르기 직전, 2층 작은 침실 옆 투박한 책상에는 두툼한 서류 뭉치들이 차곡차곡 쌓여 있다.

투명한 안경알 너머 반짝이는 눈빛이 햇빛보다 선명하다.

눈빛의 주인공은 서류 하나하나에 담긴 본질을 파악하기 위해 미간을 찌푸리며 골똘히 생각에 잠긴다. 서류들은 회사의 개발자들과 임원들, 제품 관리자들이 가장 중요하다고 생각하고 작성한 프로젝트에 관한 것이다.

시간이 지나 어느 정도 생각이 정리되면 자신만의 언어로 전략을 구상해 본다. 구상이 끝나면 다시 서류들을 대조 검토하며, 그 구상이 타당한지 역으로 검증해 본다.

어느새 아침 식사 시간이 지나 해가 중천에 떠오르고, 아래층으로 내려온 그는 산과 호수가 바라다보이는 식탁에 앉아 식사를 하면서도 계속 서류를 읽는다.

하루에 두 번, 간단한 식사를 준비하는 관리인 외에는 가족이나 회사 직원 그 누구도 방문이 허락되지 않는다.

그는 이렇게 온전히 2주간 자신의 생각에 몰입한다.”

'월스트리트저널'의 롭 거스 기자가 초대받아 가서 관찰한 빌 게이츠의 '생각 주간' 모습이다. 빌 게이츠는 이 기간에 먹고 자는 것 외에는 모두 독서와 사색으로 시간을 보냈다. 직원들이 작성한 보고서를 읽고 그에 관한 생각을 정리해 관련자들에게 필요한 사항을 메일로 알리고 지시하기도 하였다. 생각에 몰입하고 열중하는 시간을 의도적으로 설정함으로써, 그는 세상을 바꿔 나가는 새로운 전략을 창조해 낸 것이다.

1995년 당시 독보적 위치였던 넷스케이프[아메리카 온라인사(America On-line社)에서 개발한 세계 최초의 웹 브라우저 시리즈의 일반 이름]를 무너뜨리고 MS의 익스플로러를 탄생시킨 것도 '인터넷의 조류(The Internet Tidal Wave)'라는 문제의 보고서를 읽고 결단을 내린 결과였는데, 이것 역시 생각 주간의 산물이었다.

분석심리학의 개척자 칼 구스타프 융은 온전히 연구에만 몰입하기 힘든 상황이었다. 그는 연구 활동에 집중하기 위해 호숫가의 작은 마을 볼링겐에 집필실이 딸린 집을 지었다. 한편으로는 환자를 보며 생활비를 벌어야 했고, 대학에서 강의도 해야 했다. 한적한 볼링겐과 번화한 취리히를 오가며 연구 활동을 계속하였다. 볼링겐의 집필실은 자신만 들어갈 수 있는 작은 방이었는데, 그곳에서 분석심리학의 기틀을 쌓는 논문을 써냈다. 볼링겐 집필실은 프로이트와 차별화된 융 정신분석학의 산실이 되었다.

《오리지널스》와 《기브 앤 테이크》로 유명한 와튼 스쿨의 애덤 그랜트 교수는 강의는 한 학기에 몰아넣고, 다른 학기에는 연구에 매진한다. 연구 학기 중에도 한 주를 기준으로 며칠은 연구실을 개방하고, 다른 며칠간은 수도승처럼 전적으로 외부와의 접촉을 피한다. 사나흘쯤 작업에 몰두해야 하면 이메일을 보낸 사람이 기다리지 않도록 '자리 비움'으로 자동 답신을 설정한다. 이렇게 하면 다른 사람들은 혼란스러워 할 수 있지만, 방해받지 않는 집중의 중요성을 알기에 이러한 혼자만의 집중 상태를 엄격하게 유지하였다.

이들이 공통으로 추구한 것은 방해받지 않고 최고의 집중력을 발휘할

◆ 소방 분야

강좌명	수강료	학습일	강사
소방기술사 1차 대비반	620,000원	365일	유창범
[쌍기사 평생연장반] 소방설비기사 전기 x 기계 동시 대비	549,000원	합격할 때까지	공하성
소방설비기사 필기+실기+기출문제풀이	370,000원	170일	공하성
소방설비기사 필기	180,000원	100일	공하성
소방설비기사 실기 이론+기출문제풀이	280,000원	180일	공하성
소방설비산업기사 필기+실기	280,000원	130일	공하성
소방설비산업기사 필기	130,000원	100일	공하성
소방설비산업기사 실기+기출문제풀이	200,000원	100일	공하성
소방시설관리사 1차+2차 대비 평생연장반	850,000원	합격할 때까지	공하성
소방공무원 소방관계법규 문제풀이	89,000원	60일	공하성
화재감식평가기사·산업기사	240,000원	120일	김인범

◆ 위험물 · 화학 분야

강좌명	수강료	학습일	강사
위험물기능장 필기+실기	280,000원	180일	현성호,박병호
위험물산업기사 필기+실기	245,000원	150일	박수경
위험물산업기사 필기+실기[대학생 패스]	270,000원	최대4년	현성호
위험물산업기사 필기+실기+과년도	350,000원	180일	현성호
위험물기능사 필기+실기[프리패스]	270,000원	365일	현성호
화학분석기사 필기+실기 1트 완성반	310,000원	240일	박수경
화학분석기사 실기(필답형+작업형)	200,000원	60일	박수경
화학분석기능사 실기(필답형+작업형)	80,000원	60일	박수경

수 있는 환경, 즉 몰입할 수 있는 환경을 조성한 뒤 중요한 일을 연구하고 공부한 것이다. 오랜 시간 집중해서 생각할 때 탁월한 결과물이 나온다. 반면, 수시로 주의를 빼앗겨 집중과 몰입이 방해받는 환경에서는 작업을 건성으로 처리하게 된다. 당연히 문제를 해결하기 어렵고, 양질의 결과물도 만들기 힘들다.

빌 게이츠가 마이크로소프트를 세계 최고의 IT기업으로 성장시킨 일은 그만의 독특한 '휴가 프로그램'인 '생각 주간'이 있었기에 가능하였다. 마이크로소프트의 원동력은 바로 최고 경영자의 사색의 힘에서 나온 것이다. 그래서 빌 게이츠는 회사에 사색의 방을 만들어, 직원들에게도 '생각 주간'을 갖도록 권하였다.

빌 게이츠가 '생각 주간'을 통해 가장 크게 깨달은 점은, 자신이 모든 문제를 올바르게 결정하고 해결할 수 없다는 것이었다. 그래서 그는 권한과 책임을 과감하게 위임하기 시작하였고, 이를 통해 더 크고 중요한 일을 할 수 있게 되었다.

빌 게이츠의 사례에서 지능의 격차가 인생의 격차를 만드는 것이 아니라, 생각의 격차가 인생의 격차를 만들어 냄을 알 수 있다. 무엇보다 오랫동안 깊게 생각할 수 있는 능력을 기르는 것이 중요하다. 오랫동안 깊은 생각을 유지하려면 몰입할 수 있는 환경을 스스로 만들어야 한다. 다산 정약용이 유배지에서 수백 권의 저서를 집필할 수 있었던 이유 중에는, 의도하지는 않았지만 몰입할 수 있도록 환경이 조성된 덕분도 있다.

'생각 주간'은 빌 게이츠가 1980년대에 할머니의 집을 방문해 조용한 분위기 속에서 MS의 전략에 관한 자료들을 읽고 생각을 정리하던 것에서 유래되었다. 이후 빌 게이츠는 호숫가에 '생각 주간'을 위한 별장을 따로 마련해 1년에 두 차례씩 '은둔 생활'을 한 것이다.

자기 분야에서 큰 성취를 이루고 세상에 도움을 주기 위해서는 공부에 집중과 몰입을 해야 한다. 아무리 뛰어난 재능을 가졌더라도 계속 공부하지 않으면 그 분야에서 뚜렷한 발자국을 남기기는 어렵다.

2

〈천지창조〉에 완전히 몰입한, 미켈란젤로

인간의 마음은 잡념에 빠지기 쉽고, 잡념에 빠진 상태에서는 행복을 느낄 수 없다고 한다. 한 실험에 의하면, 사람들은 평소에 47% 정도 다른 생각을 하면서 일한다고 한다. 잡념 상태에서는 당연히 행복을 느끼기 어렵다. 정성을 다해 집중해야 몰입할 수 있고 거기서 행복감을 느끼게 된다.

정성스럽게 한 가지 일에만 몰두하는 사람을 보고 있으면 마음도 차분해지고 경건해짐을 느낀다. 정성이 들어간 작품을 감상할 때도 비슷한 느낌을 받게 된다. 작가의 혼(魂)이 들어간 작품을 마주하게 되면, 그동안 허투루 보낸 시간과 정성이 부족하였던 여러 일들에 대해 반성하게 된다.

미켈란젤로의 〈천지창조〉는 보는 이로 하여금 경탄을 금치 못하게 한다. 시스티나 성당에 온 관람객들은 〈천지창조〉가 그려진 방에 들어가면 작품에 도취되어 도무지 나올 생각을 하지 않기 때문에, 일정 시간마다 관광객들을 내보내고 다음 사람들을 받는다고 한다. 위대한 정성은 하늘을 감동시키고, 사람의 마음도 붙잡아 놓는 마력이 있다.

미켈란젤로가 교황 율리우스 2세로부터 바티칸 내 시스티나 성당의 천장화를 부탁 받은 것은 그의 나이 33살 때였다. 당시 그는 '피에타'나 '다비드' 등의 조각품으로 이미 그 실력을 인정받은 조각가였다. 하지만 그는 자신이 적임자가 아니라고 여러 차례 거절하였다. 10대 때 피렌체의 도메니코 기를란다요 문하에서 도제 수업을 받을 때 집중적으로 그림을 그린 경험 말고는, 그림을 그린 적이 많지 않았기 때문이다. 더구나 그냥 올려다보기도 힘든 20미터 높이에, 길이 40미터, 너비 13미터가 넘는 천장에 그림을 그린다는 것은 여간 어려운 일이 아닐 수 없으며 상당한 기간이 걸릴 것으로 보였다. 그리고 그 기간 동안 하고 싶은 조각 일을 할 수 없다는 것이 더 마음에 걸렸다. 일이 잘못되면 그동안 쌓은 조각가로서의 명성에도 흠집이 생길 게 분명하였다.

그러나 미켈란젤로에게는 거절할 방법이 없었다. 교황의 명을 거절하기가 쉽지 않았을 뿐더러, 마침 그는 경제적으로 어려운 상황에 놓여 있었다. 조각을 위해 값비싼 돌들을 구매하였지만 대금을 지급할 길이 막혀 버린 미켈란젤로는 많은 돈이 필요하였다.

결국 그는 교황의 제안을 받아들였고, 그날로 모든 일을 그만두고 시스티나 성당에 들어가 천장화 그리기에 돌입하였다. 천장에 끈을 매달아 공중에 내린 작업대에서 그림을 그리기 시작하였는데, 그 상태로 장시간 작업하기란 여간 불편한 것이 아니었다. 물감 수가 많아지자 작업대는 비좁아졌고 자유롭게 그림 그리기가 어려웠다. 그래서 천장 양쪽 창과 창을 연결하여 작업 다리를 만들고 작업을 하였다. 그러자 공간도 많이 넓어졌고, 아래에서 미사를 보는 사람들에게 자신의 모습이 보이지 않아 작업에 좀 더 집중할 수 있었다.

그가 교황으로부터 주문 받은 그림의 내용은 '천지창조'였다. 천장 중앙에는 태초에 하느님이 세상에 생기를 불어넣는 모습부터 인간의 탄생, 아담과 하와, 노아의 방주까지 총 9개를 배치하였다. 네 모서리에는 구약성서에 나오는 구원의 장면들을, 양쪽 아래에는 12명의 예언자와 그리스도의 조상, 이스라엘 백성의 역사 등을 배치하였다.

미켈란젤로는 이야기의 시작부터 그림을 그리지 않고 거꾸로 그림을 그리기 시작하였다. 노아에 관한 이야기부터 그리기 시작한 것이다. 그 이유는 아담 탄생 부분에 대한 고민 때문이었다. 미켈란젤로가 천지창조를 그리기 전에는 아담 탄생에 대한 그림이 많지 않았고, 참고할 만한 적당한 그림도 없었다. 하느님이 인간에게 생기를 불어넣는 과정을 어떻게 표현하느냐가 문제였다. 미켈란젤로는 이 문제를 고민할 시간이 필요하였고, 이 부분은 나중에 그리기로 마음먹었다.

그런데 미켈란젤로가 노아에 관한 이야기 세 점을 완성하고 나서 문제가 생겼다. 교황이 약속한 월급을 제때 주지 않은 것이다. 미켈란젤로는 작업을 그만두고 로마를 떠나 버렸다. 그러자 그 소식을 들은 교황은 화가 머리끝까지 치밀었다. 얼마나 대단한 그림을 그리기에 이렇게 무례한지 한번 보기나 하자면서 교황은 곧바로 성당으로 들어와 천막을 들추었다. 그림을 본 그는 그 앞에 무릎을 꿇었다. 그림에서는 마치 조각을 한 듯 입체감이 느껴졌고, 그림 속 주인공들은 살아 움직이는 듯하였다. 색채는 화려하였지만 그러면서도 위엄을 잃지 않았다. 글 속의 천지창조가 화면으로 구성되어 장엄하게 펼쳐졌다. 교황은 당장 미켈란젤로를 불러오라고 하였다. 그는 미켈란젤로에게 사과하였고, 미켈란젤로는 다시 로마로 돌아와 천장화를 그리기 시작하였다.

이때 시스티나 성당으로 돌아온 미켈란젤로는 처음으로 예배당 바닥에서 자신의 그림을 올려다보았는데 여기서 큰 깨달음을 얻게 되었다. 그는 사람들의 표정이나, 손짓, 나뭇잎 하나까지 자세하고 세밀하게 표현하였는데, 밑에서 보니 그것들은 하나도 보이지 않았다. 거리가 너무 멀어서 세밀한 작업이 중요한 것이 아니라, 내용에 초점을 맞춰 그것을 강조하는 것이 더 중요하였던 것이다. 천지창조 내용 초반부로 올수록 그림이 간단해 보이는 것은 바로 그 때문이었다.

미켈란젤로는 공부를 계속하며 그림을 그렸다. 잘못된 부분이 있으면 즉시 수정하고 반영하였다. 그가 공부를 게을리하였다면 그의 그림은 조금 잘 그린 작품 정도에 머물고 말았을 것이다.

미켈란젤로는 로마를 떠났던 6개월을 포함해 총 4년 6개월 동안 천장화 작업에 몰두하였는데, 이는 하루 최소 18시간을 작업하였을 때 가능한 시간이라고 한다. 미켈란젤로는 그림을 그리는 동안 척추가 휘어지고 오른팔이 뒤로 돌아갔으며, 천장만 바라보고 있다 보니 눈동자가 위로 돌아가

초점이 맞지 않게 되었다. 고통이 너무 심해지자 그는 간이침대를 만들어 아예 누워서 그림을 그렸다. 그 때문에 물감을 온몸에 뒤집어써 피부는 짓물렀으며, 몸을 고정하고 그림을 그린 것 때문에 등 뒤에는 욕창이 생겼다. 미켈란젤로는 그의 조각가 인생을 〈천지창조〉와 맞바꾸었던 것이다.

미켈란젤로는 천장화를 그리는 동안 완전한 몰입에 빠져 있었다. 육체적 고통 속에서도 그가 느낀 행복감은 그 무엇으로도 대신할 수 없었을 것이다. 미켈란젤로의 천재성에 탄복한 율리우스 2세는 다시 태어난다면 교황이 아니라 예술가로 태어나고 싶다고 하며 그의 탁월한 노력에 찬사를 보냈다.

이렇듯 몰입 체험은 당사자뿐만 아니라 보는 이들에게까지 감동을 주고 내적인 변화를 끌어낸다. 삶이 지치고 매너리즘에 빠질 때에 거장들의 몰입 흔적을 찾아 맛보는 것은 어떨까?

3

특허를 낸 지 21년 만에
새로운 복사기를 만든, 체스터 칼슨

어떤 사람에게 불편함은 참고 견디는 과정일 수 있지만, 또 다른 사람에게는 새로운 창조의 원천이 되기도 한다. 불편함을 개선하려는 노력에서 지식과 경험이 쌓여 공부가 되고, 창의적인 아이디어가 나오게 된다. 대부분의 창조는 불편함을 당연한 것으로 받아들이지 않고, 의문을 가지고 그것을 극복하려는 과정에서 이루어졌다. 하지만 그렇다고 해서 당장 결과물이 나오는 것은 아니다. 어떤 것은 몇 년, 또 어떤 것은 몇십 년이 걸리기도 한다. 그래서 대부분은 도전하기를 주저한다.

지금은 집에서도 편리하게 사용할 수 있는 복사 기술도 처음에는 아무도 엄두를 내지 못하는 기술이었다. 그 기술을 개발한 사람은 그것을 대중화시키기까지 20여 년을 몰입해야 했다.

가난한 형편에 어렵게 공부하던 체스터 칼슨이라는 학생이 있었다. 가난한 고학생이었지만 배움에 열정이 있었던 그는 힘겨운 상황에서도 초급 대학에서 화학을 배우고, 캘리포니아 공과 대학에 편입하여 어렵게 물리 학사를 취득하였다.

졸업 후 80여 군데에 원서를 냈지만 적당한 주급을 주는 곳을 찾을 수 없었다. 대공황 시절, 그는 무조건 취업을 해야 한다는 생각에 벨연구소에 들어갔다. 이곳에서 칼슨은 발명의 세계에 눈뜨게 되었다. 그리고 발명을 하려면 특허를 제대로 알아야 한다는 사실을 알고 특허 공부에 전념하였다. 그런데 불황이 계속되던 상황에서 회사는 그를 해고하고 말았다.

그는 전자 회사로 자리를 옮겼고, 특허에 대해 본격적으로 공부하기 위해서 야간 대학도 다녔다. 칼슨은 이 회사에서 특허과에 근무하게 되었다. 하지만 그가 회사에서 하는 업무는 서류 정리와 잔심부름 정도였다. 서류를 정리하는 일은 사진을 찍거나 타자로 다시 치는 일이 대부분이었다. 칼슨은 그 일을 열심히 하면서 좀 더 효과적이고 빠른 방법이 없을까 고민하였다.

그 회사에는 칼슨 말고도 서류를 3부, 4부 베껴서 정리하는 사람들이 여럿 있었다. 어느 날부터 칼슨은 베끼는 방법 말고 좀 더 쉽게 기계로 하는 방법을 고민하기 시작하였다. 당시 습식 복사기라는 것이 있었는데, 이 것은 특수 용지를 사용해야 해서 손과 문서에 검댕이가 많이 묻었고, 복사 시간도 오래 걸려 대중화하기에는 어려움이 있었다.

'습식 복사기의 불편을 해소한 건식 복사의 방법은 없는 걸까? 사진도 찍는 세상인데, 분명 서류를 손쉽게 복사하는 방법이 있을 거야.'

새로운 복사 기술을 개발하기 위해 그는 자금을 융통하여 개인 연구실을 차렸다. 그는 그가 배운 물리, 화학의 지식을 총동원하였고, 3년이 지나자 전자 복사 이론을 정립하여 특허를 취득하였다. 이제 그것을 상용화하는 것이 문제였다. 큰 회사들에게 문의하였지만 그들은 한결같이 복사기는 대중화가 필요한 물건이 아니라고 하였다. 당시에 습식 복사기는 인기가 없었고, 그가 발명한 복사기는 이론으로만 존재하였으니 그러한 반응이 나오는 것도 당연한 일이었다.

하는 수 없이 칼슨은 직접 복사기를 만들기로 결심하였다. 그는 엔지니어로 일하던 친구를 영입하였고, 1년 후 그들은 세계 최초로 서류를 건조식으로 복사하는 데 성공하였다. 칼슨은 '말려서 쓴다'는 의미로 '제로그라피(Xerography)'라는 그리스어 이름을 만들었다. 이제 투자자들이 몰려들 것이라는 희망에 부풀었다.

그런데 이렇게 기술적인 성공을 거두었음에도 불구하고 투자해 줄 회사는 나타나지 않았다. 아무리 열심히 설명해도 누구 하나 귀 기울이지 않았다. 대기업들은 복사기의 수요는 법률 회사 정도에만 머물고 말 것이라고 여겼다.

1944년 칼슨과 친구는 세계 최초로 건식 복사기를 실제로 만들어 냈지만, 대기업에서 투자하려고 나서는 곳은 없었다. 야속한 시간은 그렇게 흘러만 갔다.

그때 칼슨에게 구원의 손길이 다가왔다. 바로 바텔연구소였다. 바텔연구소는 칼슨 기술에 대한 지분 55퍼센트를 갖고, 칼슨과 함께 복사 기술을 개선하는 연구에 돌입하였다.

그러자 당시 사진 인화지 제조업체인 할로이드라는 회사에서도 연락이 왔다. 제2차 세계 대전이 발발하여 군대가 정찰 사진을 사용하기 시작하면서 사진 인쇄지 산업이 호황을 누리자, 할로이드 역시 급속하게 성장하였다. 그러나 전쟁이 끝나면서 인쇄지 시장이 축소되자 회사가 위기를 맞이한 상황이었다.

할로이드의 사장인 윌슨은 신문을 통해 새로운 복사 기술에 관한 기사를 접하고 바텔연구소를 찾았다. 그는 바텔연구소에 연구비를 투자하기로 하고, 매년 칼슨의 복사기 기술에서 생기는 수입의 8퍼센트를 할로이드에게 지급하기로 계약하였다.

그 후 할로이드는 칼슨의 특허권을 사들이고, 제로그라피란 이름도 제록스로 줄였다. 그리고 할로이드사는 계속해서 복사기의 성능 개선을 추구하였다. 마침내 1959년부터 제록스는 선풍적인 인기를 얻으며 전 세계로 팔려 나갔다. 제록스의 인기가 치솟자 할로이드는 아예 회사 이름을 제록스로 바꿔 버렸다.

당연히 제록스 초기에 관여하고 투자하였던 사람들은 부자가 되었다. 초창기에 제록스의 가치를 보고 1천 달러를 투자하였던 뉴욕의 택시 기사는 나중에 150만 달러에 자신의 주식을 되팔기도 하였다.

그 누구보다 기쁜 사람은 칼슨이었다. 그는 특허를 낸 지 무려 21년 만에 빛을 볼 수 있었다. 칼슨은 새로운 복사기에 대한 신념과 확신으로 무장하였다. 그리고 중도에 포기하지 않고 스스로 공부하면서 연구하고 개발하였다. 그러자 하늘이 적당한 때에 그를 도와줄 사람들을 보내 주었다.

칼슨은 모두가 비웃고 비전이 없다는 기술을 개발하기 위해 홀로 고독의 시간을 견뎌냈다.

자기 안에 들어 있는 잠재력을 확인하려면, 숨이 턱밑까지 차오르고 심장이 터질 것 같아 더 이상 달릴 수 없을 때까지 달려 보아야 한다. 최고의 나를 만나야 문제를 해결하고 값진 결과를 맞이할 수 있다.

4

디즈니랜드를 설계한,
발터 그로피우스

어려운 문제일수록 오래 생각해야 풀린다. 하지만 오래 생각만 한다고 해서 문제가 풀리는 것일까? 생각할 때는 여러 가지 관점에서 연구하는 지혜가 필요하다. 가령, 어려운 수학 문제를 풀 때도 기존 방법이나 그동안 자신이 풀던 방식 안에서만 계속 생각한다면 당연히 풀 수가 없다. 그럴 때는 문제를 바라보는 관점을 새롭게 할 필요가 있다. 생각의 각도와 범위를 확장하면 자연스럽게 문제도 풀리게 된다.

한 농부가 세상을 떠나면서 자식들에게 유언을 남겼다. 유산으로 남긴 17마리의 소를 장남은 1/2, 차남은 1/3, 그리고 막내는 1/9을 가지라는 것이었다. 장례를 마친 뒤 세 아들은 유산을 분배하려고 하였으나, 난관에

봉착하였다. 한 마리를 죽이지 않으면 안 되는 상황이었기 때문이다. 적절한 방법을 찾지 못한 그들은 이웃에 사는 노인에게 도움을 청하였다. 그러자 노인은 자신이 키우던 소 한 마리를 데리고 왔다. 이제 소는 총 18마리가 되었다. 그 소들을 농부의 유언대로 나누니 장남은 9마리, 차남은 6마리, 막내는 2마리를 가지게 되었다. 다 주고 나니 노인의 소 한 마리만 남았다. 그들은 노인 덕분에 소를 죽이지 않고도 아버지의 유언을 따를 수 있었다.

세 아들은 17이라는 숫자에 갇혀 있었다. 하지만 노인은 넓게 바라보는 안목을 갖고 있었고, 덕분에 쉽게 문제를 해결할 수 있었다. 문제의 관찰자가 되어 멀리서 바라보면 수월하게 문제가 풀리기도 한다.

독일의 문호 괴테는 《파우스트》에서 '인간은 노력할수록 방황하는 존재다. 하지만 계속 노력하면서 몰두하는 자는 구원받을 수 있다.'라고 하였다. 그런데 아무리 노력해도 좀처럼 해답을 얻지 못해 고뇌할 때가 부지기수이다. 그만큼 삶은 수많은 결단과 문제 해결의 과정이다. 그렇게 노력과 방황이 계속될 때는 문제에서 한 걸음 벗어나 생각의 빈 공간을 만들어 줄 필요가 있다. 그러다 보면 예기치 못한 통찰을 얻기도 한다.

세계적인 건축가 발터 그로피우스가 디즈니랜드를 설계한 뒤 3년의 꼼꼼한 시공을 거쳐, 마침내 대외 개방을 앞두고 있을 때의 일이다. 대부분의 공정은 다 끝났는데 한 가지 고민이 있었다. 사람들이 걸어 다니는 길의 동선을 결정하지 못한 것이다. 그냥 건물 사이로 길을 만들면 될 텐데 그는 그렇게 하지 않았다. 어떻게 하면 사람들이 쾌적하고 즐겁게 걸어 다닐 수 있을까를 고민하였던 것이다. 하지만 아무리 생각해도 묘안이 떠오르지 않았고, 디즈니랜드에서도 그 문제 때문에 갈팡질팡하고 있었다. 그 문제를 해결해야 개방을 할 수 있으므로 묘안을 짜내려 노력하였지만 역부족이었다.

시공 담당 부서에서는 경축 의식 참석차 프랑스 파리에 가 있던 그로피우스에게 연락하였다. 그리고 한시바삐 설계를 마무리 지어 계획대로 준공, 개방할 수 있게 해 달라고 요청하였다.

그로피우스는 당시 미국 하버드대 건축 대학 학장으로서, 현대주의의 대가이자 경관 건축 방면의 전문가였다. 그는 그동안 수많은 건축 난제들을 해결하였고, 세계 도처에 70여 개의 아름다운 걸작들을 남겼다. 그런 그가 마지막에 사람들이 걸어 다니는 길 설계 문제를 해결하지 못해 고민하고 있었던 것이다. 사실 그는 디즈니랜드의 각 경관들 사이에 도로를 배치하는 문제를 굉장히 중요하게 생각하였다. 이미 그 문제로 수십 번이나 수정을 거듭하였지만 만족스러운 결과를 얻지 못하였다.

그 와중에 독촉을 받자 그는 마음이 조급해졌다. 일정이 끝나자 그는 무작정 지중해로 향하였다. 해변을 달리다 보면 기분 전환도 될 테고, 적당한 곳에서 생각도 정리해 볼 심산이었다.

차가 프랑스 남부의 산과 들을 뒤로하고 시골길을 달리고 있을 때였다. 그곳은 프랑스의 유명한 포도 산지로서 사방이 온통 포도밭으로 뒤덮여 있었다. 길가에는 수많은 포도원에서 포도를 들고나와 지나가는 차들에게 호객 행위를 하고 있었지만, 멈추는 차들은 거의 없었다.

차가 커브를 돌아 조그만 산 계곡 쪽으로 접어들었을 때였다. 그곳의 포도원에 수많은 차들이 주차해 있는 것을 보고 그로피우스는 깜짝 놀랐다.

그래서 궁금증이 생겨 차에서 내려 들어가 보았다. 그곳은 5프랑만 지불하면 포도를 한 상자나 따갈 수 있게 되어 있었다. 이야기를 들어 보니, 포도원의 주인은 어떤 할머니인데 나이가 너무 많아 관리할 기력이 없어 이 방법을 생각해 냈다고 하였다. 처음에는 그렇게 해서 과연 포도를 팔 수 있을까 의심도 많이 했다고 한다. 그런데 그 지역의 광활한 포도 산지 가운데서도 유독 그 할머니의 포도가 가장 먼저 다 팔린다는 것이었다.

그로피우스는 노부인의 자유분방하고 기발한 아이디어에 큰 영감을 받았다. '그래, 사람들에게 자유를 주면 새로운 질서가 생기는 법이지.' 그는 차에 포도 한 상자를 싣고 즉시 차를 돌려 파리로 돌아왔다. 숙소로 돌아온 그는 시공 담당 부서에 연락하였다.

"공원에 잔디 씨를 뿌리고 잔디가 자라면 예정보다 앞당겨 무료로 개방하세요."

디즈니랜드는 그의 요구대로 건물과 건물 사이에 잔디 씨를 뿌렸다. 얼마 되지 않아 놀이공원 전체가 온통 푸른 잔디로 뒤덮이게 되었다. 무료로 개방을 하자 수많은 사람들이 몰렸다. 덕분에 반년이 채 지나지 않아 오가는 사람들의 발길로 잔디밭에는 많은 오솔길이 생겨났다. 그렇게 생긴 크고 작은 오솔길들은 자연 그대로의 멋을 지녔으면서도 매우 우아하였다.

그로피우스는 그 오솔길을 따라서 길을 내게 하였다. 이렇게 해서 디즈니랜드의 도로 설계는, 1971년 런던 국제 건축 심포지엄에서 최고상을 받았다. 그가 수십 번의 설계를 변경하면서 연구하고 몰입하지 않았다면, 그러한 결과를 만들지는 못하였을 것이다. 어떤 분야의 전문가라도 새 일을 맡을 때마다 공부하고 연구하는 것은 당연한 일이다.

5

아인슈타인이 알려 주는
천재성의 비결

아인슈타인의 친구인 물리학자 오토 프리쉬는 아인슈타인이 가진 천재성의 비결로 집중력을 꼽았다.

"아인슈타인은 놀라울 정도로 집중력이 강하였다. 나는 그의 진정한 비밀이 몇 시간이고 집중할 수 있는 능력이라고 확신한다. 우리 대부분이 수초 동안만 해낼 수 있는 정도의 집중을 그는 여러 시간 동안 완벽하게 해 낸다."

아인슈타인은 "집중하면 6시간 걸릴 일을 30분만에 끝낼 수 있지만, 그렇지 않으면 30분 걸릴 일을 6시간이 지나도 못 끝낸다."라고 말하였다. 아인슈타인이 천재라는 것은 누구나 아는 사실이지만, 그의 천재성이 지능이 아니라 집중을 유지하는 힘, '몰입'이라는 것을 많은 이들이 간과하고 있다.

1920년대 초 독일에 살고 있던 아인슈타인은 극심한 인플레이션으로 경제적 고통을 겪었다. 어려움 속에서도 아인슈타인은 오직 연구에 매진하고 있었다. 그의 어려운 사정을 알고 있는 미국의 지인들이 그에게 수표를 보내 주었다. 그런데 몇 주일이 지나도록 아무런 답장이 없었다. 그들은 틀림없이 아인슈타인에게 무슨 일이 생겼을 거라고 여기고, 아인슈타인을 잘 아는 사람에게 상황을 설명하고 어떻게 하면 좋을지 물었다. 그러자 그 사람은 이렇게 말하였다.

"설마 그 수표를 아인슈타인에게 직접 보낸 것은 아니겠지요?"

"아니요. 아인슈타인에게 직접 보냈습니다. 그를 굶주림에서 구해야 하니까요."

"수표는 아인슈타인 부인에게 보내야 합니다. 어서 아인슈타인 부인에게 전보를 보내도록 하세요."

그래서 그들은 아인슈타인 부인에게 다시 전보를 보냈다. 전보를 받은 부인은 아인슈타인이 읽고 있던 책 사이에 수표가 꽂혀 있는 것을 발견하였다. 아인슈타인은 수표를 책에 꽂아 둔 채, 배고픔도 잊고 연구에 깊이 빠져들었던 것이다. 그 후부터 지인들은 아인슈타인 부인에게 수표를 보냈고, 그 가족들은 경제적 어려움에서 벗어날 수 있었다.

아인슈타인은 가족들이 굶주리는 극한의 상황에서도 자신의 일과 연구에 몰입하는 집중력을 가졌다. 그는 "몇 달이고 몇 년이고 생각하다 보면 99번은 틀리고, 100번째에 가서야 비로소 맞는 답을 찾는다."라고 하였다. 이처럼 얼마나 오랫동안 생각을 지속할 수 있는가는 한 사람의 천재성을 드러내는 핵심 관건이 된다.

역사상 최고 과학자로 꼽히는 뉴턴도 '몰입'의 달인이었다. 그는 자신의 집 실험실에서 연구에 지나치게 열중한 나머지, 점심 식사에 초대하였던 동료 교수의 방문을 잊어 손님 혼자 식사를 하게 만들기도 하였다. 또 놀라운 진리를 어떻게 발견할 수 있었냐는 질문에, "나는 어떤 문제에 부딪히면, 옅은 빛이 조금씩 환해져서 완전히 밝아질 때까지 그 문제를 끊임없이 고민합니다."라고 답한 사실에서, 그가 얼마나 몰입하였는지를 알 수 있다. 뉴턴은 다음과 같이 말하였다.

"발명으로 가는 길은 부단한 노력에 있다. 끈질긴 집중이야말로 위대한 발견의 기초이다. 나는 특별한 방법을 가진 것이 아니라, 단지 무엇에 대해 오랫동안 깊이 사고할 뿐이다. 굳센 인내와 노력 없이 천재가 된 사람은 아무도 없다."

뉴턴이나 아인슈타인처럼 인류 역사상 위대한 창의적 업적을 이룬 사람들의 공통점은, 바로 하나의 생각에 집중하는 '몰입'의 대가라는 점이다. 1998년 노벨 생리의학상을 받은 루이스 이그내로도 수상 비결을 묻자, "과학은 9시 출근, 4시 퇴근하는 일이 아니다. 매일 24시간 '왜, 어떻게'가 머리를 떠나지 않아야 한다."라고 강조하였다.

몰입을 하면 사고를 통한 문제 해결 능력을 키우게 되고 내 안에 잠든 천재성이 깨어난다. 낯선 문제에 부딪혀도 두려워하지 않고 정면 대응을 할 수 있다.

성공한 사람들의 일상은 어떨까? 아마 매우 바쁜 일상을 보내고 있을 것이다. 하지만 그 속에 특징이 있다. 일상이 매우 단순하고 규칙적이라는 것이다. 백수가 더 바쁘고 할 일이 많다는 말이 있는데, 실제로도 그러한 경우가 많다. 생활이 바쁘다는 것은 무언가 하나에 집중하지 못할 가능성이 높기 때문이다. 몰입은 생각을 집중하는 일이기 때문에 만약 이리저리 다니고, 이것저것 작업을 계속한다면 집중하기가 상당히 어려울 것이다.

철학자 칸트는 어릴 때부터 허약 체질이었지만 규칙적인 생활과 건강관리로 강의·연구·저술 활동을 별 어려움 없이 이어 갈 수 있었다. 그가 하루도 어김없이 정해진 시각에 산책을 하였기 때문에 쾨니히스베르크 시민들은 산책하는 칸트를 보고 시계의 시각을 맞췄다는 이야기와, 칸트가 루소의 《에밀》을 읽느라 단 한번 산책 시간을 어겼다는 이야기는 유명하다.

칸트는 57살 때부터 그동안 생각하였던 철학적 성찰의 결과물을 쏟아내기 시작하였다. 당연히 그것들은 그가 매일 정해진 시간에 산책하면서 생각하였던 몰입의 산물이었다.

스티브 잡스는 제품 개발에서 직관에 의한 통찰을 가장 중요한 요소 중하나로 여겼다. 그는 〈비즈니스 위크〉와의 인터뷰에서 이렇게 말하였다.

"내 만트라(주문) 가운데 하나는 집중과 단순함입니다. 단순함은 복잡한 것보다 어렵습니다. 생각을 명확하고 단순하게 하려면 더 많은 노력이 필요합니다. 하지만 그럴 만한 가치는 충분합니다. 일단 생각을 명확하고 단순하게 만들 수 있는 단계에 도달하면, 당신은 산도 옮길 수 있을 테니까요."

몰입을 잘하는 사람은 일상을 복잡하게 만들지 않고 규칙적이고 단순한 생활을 한다. 단순해야 깊이 들어갈 수 있다.

114

사람은 모든 가능성을 가진 존재이다. 우리가 자신의 가능성을 믿고 온전히 하나에 집중하여 몰입할 수 있다면, 그것은 신천지를 발견하는 일보다 더 큰 기쁨일 것이다. 이 세상에 아직도 발견되지 않은 미개척지가 많듯이, 우리 안에도 발견되지 않아 능력을 발휘하지 못하는 영역들이 많이 숨어 있다. 보석처럼 빛나는 가치들이 내 안에 담겨 있지만, 내 스스로 흔들어 깨우지 않는다면 영원히 잠든 채 깨어나지 못할 것이다.

6

투자의 귀재,
워런 버핏의 습관

세계 최고의 부자로 손꼽히며 투자의 귀재라고 불리는 워런 버핏은 어떻게 주식 투자법을 배워 세계적인 부자가 되었을까? 그의 어렸을 때를 살펴보면 얼마나 많이 생각하고 고민해서 일을 해 나갔는지 눈여겨볼 만한 경우들이 많다.

그는 대공황기에 직장을 잃은 은행원의 아들로 태어나, 6살 때부터 부자가 되고 싶다는 열망을 지니게 되었다. 한번은 이러한 일이 있었다. 버핏 가족이 버지니아에서 워싱턴으로 이사하고 나서, 버핏은 며칠을 궁리한 끝에 신문 배달을 하기로 하였다. 버핏은 처음에 〈워싱턴 포스트〉를 배달하였는데, 같은 회사의 다른 신문인 〈워싱턴 포스트-헤럴드〉를 원하는 독자들도 많다는 사실을 안 다음부터는 그 신문도 배달하였다. 그러면서 다른 석간 신문도 돌리고, 배달 구역을 점점 확대해 나갔다. 여기에 멈추지 않고 고객에게 신문 구독을 직접 권유하는 일에도 뛰어들었다.

다른 아이들이 정해진 지역에 정해진 신문을 배달하는 정도라면, 버핏은 이에 만족하지 않고 스스로 할 일을 찾아서 일을 만들어 나갔다. 또한 자신의 배달 구역에 대해서 꼼꼼히 기록도 해 두었다.

그런데 신문 구독자 중에서 배달료를 주지 않고 그냥 이사 가 버리는 경우가 종종 있어서, 버핏은 이를 어떻게 대비할지 궁리하였다. 그는 아파트 관리인에게 신문을 무료로 주는 대신 이사 가는 사람들을 미리 알려 달라고 하였다. 덕분에 버핏이 배달료를 못 받는 경우는 없었다. 어른들도 생각하기 힘든 일을 버핏은 깊이 생각하고 고민해서 좋은 방법을 찾아낸 것이다. 이렇게 고민하고 연구하고 집중해서 생각하는 습관은 어른이 되어서 더욱 빛을 발하였다.

어느 날 버핏은 벤슨 도서관에서 마음에 쏙 드는 책을 발견하였다. 《1,000달러를 버는 1,000가지 방법》이라는 책 제목부터 버핏의 시선을 끌어당겼다. 그는 망설임 없이 그 책을 집어 읽기 시작하였다. 버핏은 그 책에서 '복리'라는 개념을 새로 알았다. 비록 처음에는 적은 돈이지만 일정 비율로 이자가 붙어 오랜 시간 동안 계속 늘어나면 아주 큰 돈이 될 수 있다는 것이었다. 이는 버핏의 투자 인생에 큰 영향을 끼쳤다.

버핏의 보물이 된 그 책에 눈에 띄는 구절이 있었다.

'일단 시작하지 않으면 절대 성공할 수 없다. 시작하지 않으면 결과는 없다. 스스로 시작하지 않고 부자가 되기를 기다려서는 안 된다.'

이 구절을 보며 버핏은 정식으로 주식을 하겠다고 결정하였고 실제로 투자를 시작하였다. 버핏은 그때부터 책을 읽고 생각하거나 분석하는 습관이 생겼고, 덕분에 16살이 되었을 때 이미 경제와 주식 관련 책을 수백 권 독파할 수 있었다.

이후에도 이 습관은 지속되었는데, 스스로 일반 사람보다 5배 정도 더 책을 읽는다고 할 정도로 독서 능력을 키웠다. 버핏의 관심은 사업이었기 때문에 주로 읽는 분야는 사업 관련 책들이었다. 버핏에게 축적된 이러한 사업 지식 또한 투자를 하는 데 밑받침이 된 것은 분명하다.

'시간을 투자하지 않고 좋은 결과물을 이룰 수 없다. 균형 감각을 갖고 언제나 큰 그림을 봐야 한다. 단기간의 성과에 집착하는 사람은 언젠가 그 짧은 칼날에 쓰러진다.'며 버핏은 언제나 가치 투자를 중시한다. 위대한 기업은 단지 돈 버는 데만 집중하는 것이 아니라 자신의 일에 열정과 철학을 가진 경영자가 있기에 가능하다고 믿는 그는, 경영자의 철학과 미래의 가능성을 보고 투자를 한다고 한다. 버핏은 또 이렇게 말하였다.

"출근하면 나는 책상에 앉아 먼저 천장을 바라본다. 그러면서 미켈란젤로가 시스티나 성당에 그림을 그리듯, 투자의 캔버스 위에 무슨 그림을 그릴까 생각한다. 그렇게 나는 1년에 50주는 생각하는 데 쓰고, 남은 2주만 일한다."

1년 52주 중에서 50주를 생각하는 데 쓴다는 것은, 그만큼 깊게 생각하는 몰입의 중요성을 강조한 말이다. 이는 아마도 버핏이 평생 동안 실천하여 몸에 밴 습관인 듯하다. 열심히 일만 한다고 해서 성과가 나오는 것은 아니다. 열심히 생각하는 것이 더 중요하다. 그가 선택과 집중에 대해 강조한 하나의 예화가 있다.

플란트는 워런 버핏의 전용기 조종사로 10년 넘게 일하였다. 어느 날 그는 자신의 경력과 목표에 대해 버핏과 이야기를 나눌 기회가 있었다.

버핏이 플란트에게 물었다.

"자네는 목표가 무엇인가? 현재 가장 중요한 목표, 스물다섯 가지를 적어 보게."

그러자 플란트는 몇 분에 걸쳐 자신의 목표와 관련된 목록을 완성하였다. 목록을 본 버핏은 다시 이렇게 말하였다.

"스물다섯 가지를 다 적었으면, 그중에서 가장 중요한 다섯 가지에 동그라미를 쳐 보게."

플란트는 곧바로 다섯 가지 목표에 동그라미를 쳤다. 그러고 나서 이렇게 말하였다.

"아, 이제 제가 당장 해야 할 일이 뭔지를 알겠습니다. 가장 중요한 다섯 가지에 집중하겠습니다."

"그럼 동그라미 치지 않은 나머지 목표들은 어떻게 할 건가?"

"동그라미 친 다섯 가지는 제가 정말 집중해야 할 목표입니다. 다섯 가지 목표에 정성의 대부분을 투자하고, 나머지 스무 가지도 시간 날 때마다 틈틈이 노력해서 이루어야죠."

이에 버핏이 말하였다.

"아닐세. 그렇지 않다네. 자네는 지금 실수하는 거야. 동그라미 친 다섯 가지 외의 목표는 어떻게든 잊어버리게. 자네가 가장 중요하다고 생각하는 다섯 가지 목표를 전부 달성하기 전까지는, 나머지 스무 가지 목표에 관심도 기울이지 말게."

중요하지 않은 일에 시간과 힘을 낭비한다면 자신이 진정으로 원하는 목표를 달성하지 못할 가능성이 크다. 진정으로 몰입하고 커다란 성과를 얻으려면, 생활을 단순화하고 중요한 일에만 집중하는 결단이 필요하다.

버핏은 어릴 때 주식을 하겠다는 분명한 목표를 정하고 투자를 시작하였다. 그리고 경제와 주식 관련 책을 수백 권 읽으며 연구하고 몰입하였다. 공부를 게을리하지 않았기에 최고의 투자자가 될 수 있었던 것이다.

몰입 환경 만들기

　탁월한 성과를 거둔 이들이 공통으로 추구한 것은 방해받지 않고 최고의 집중력을 발휘할 수 있는 환경, 즉 몰입할 수 있는 환경을 조성한 것입니다. 오랜 시간 집중해서 일할 수 있을 때 탁월한 결과물이 나옵니다. 지금 내가 최고의 성과를 위해 몰입할 수 있는 환경을 만들려면 어떻게 해야 하나요?

지금 내가 최고의 성과를 위해 몰입할 수 있는 환경을 만들려면 어떻게 해야 하나요?

예 목표로 하는 일 – 대한민국을 대표하는 소설가

　몰입 환경을 만들기 위해 할 일 – 주말에는 혼자만의 시간을 갖는다. 친구와의 만남이나 외부 약속을 잡지 않고 10시간 이상 작품에만 몰두한다. 핸드폰을 꺼 두고 작업에 방해받지 않게 한다.

* 목표로 하는 일

* 몰입 환경을 만들기 위해 할 일

몰입 경험

미켈란젤로는 4년이 넘는 기간 동안 성당의 천장화 작업에 몰두하였습니다. 그는 그림을 그리는 동안 척추가 휘어지고 오른팔이 뒤로 돌아갔으며, 천장만 바라보고 있다 보니 눈동자가 위로 돌아가 초점이 맞지 않게 되었습니다. 미켈란젤로는 그의 조각가 인생을 〈천지창조〉와 맞바꾸었던 것입니다. 한 분야의 대가(大家)가 되려면 완전한 몰입을 통해 자기 분야에서 탁월한 성과를 거두어야 합니다.

나는 어떤 분야의 전문가가 되고 싶은가요? 그것을 위해 내가 해 본 몰입 체험은 무엇이며, 앞으로 어떤 노력을 할 계획입니까?

내가 전문가가 되고 싶은 분야	예 방송 다큐 PD
해당 분야를 잘하기 위해 몰입하였던 경험	예 독립운동 인물사(人物史) 동영상 제작 수행 평가 때, 일주일간 밤을 새다시피 몰두해서 10분짜리 작품을 완성하였다.
탁월한 전문가가 되기 위해 내가 노력할 일	예 고등학교 졸업 전에 30분짜리 다큐멘터리를 완성하여 유튜브에 올리고 다른 사람들의 평가도 받는다.

발명과 특허

칼슨은 회사 특허과에 근무하며 서류를 사진 찍거나 타자로 다시 치는 일을 열심히 하면서도, 좀 더 효과적이고 빠른 방법이 없을지를 고민하였습니다. 그리고 그는 오랜 연구 끝에 건식 복사기를 발명하게 되었습니다.

주위를 둘러보면 불편한 일들이 많이 있습니다. 그 불편함을 개선하는 것이 발명이나 특허로 연결됩니다. 불편을 개선하여 발명품을 만들었던 사례를 적어 보세요.

불편을 개선하여 발명품을 만들었던 사례
예 리모콘 : 텔레비전 전원을 켜거나 끌 때, 채널을 바꾸거나 음량을 조절할 때 쓰는 리모콘은 텔레비전에 직접 다가가는 불편함을 없애고 먼 거리에서도 작동시킬 수 있어 편리하다.
①
②
③
④
⑤

사고 뛰어넘기

문제가 풀리지 않는 것은 기존의 사고나 방법에 갇혀 있기 때문입니다. 기존의 사고나 방법을 뛰어넘어 문제를 해결한 사례를 주위에서 찾아 적어 보세요.

풀리지 않는 문제를 다른 방법으로 사고하여 해결한 사례

예 신대륙 항해를 마치고 돌아온 콜럼버스를 시기한 사람들이 '누구나 할 수 있는 일'이라며 폄하하자, 콜럼버스는 그들에게 달걀을 세워 볼 것을 요구하였다. 아무도 달걀을 세우지 못하자 콜럼버스는 달걀을 살짝 깨뜨려 탁자 위에 세웠다.

①

②

③

④

⑤

집중과 성과 만들기

아인슈타인은 "집중하면 6시간 걸릴 일을 30분 만에 끝낼 수 있지만, 그렇지 않으면 30분 걸릴 일을 6시간이 지나도 못 끝낸다."라고 말하였습니다. 그의 천재성은 지능이 아니라 집중을 유지하는 힘, '몰입'에 있었습니다.

내가 집중과 몰입을 통해 커다란 성과를 거두거나 빨리 끝낼 수 있었던 일은 무엇이었으며, 그때 집중을 할 수 있었던 이유나 계기는 무엇이었나요?

집중과 몰입을 통해 커다란 성과를 거두거나 빨리 끝낼 수 있었던 일	예 영어 5과 본문을 하루 만에 제대로 해석하고 정리한 일
그때 집중을 할 수 있었던 이유나 계기는?	예 영어를 잘하고 싶은 동기가 강하였고, 영어 공부에 재미를 느끼고 있었으며, 제대로 공부를 해 놓고 수업에 참여하자는 목표를 세웠었다.

가장 중요한 목표

플란트는 워런 버핏과 자신의 경력과 목표에 관해 이야기를 나누는 시간을 가졌습니다. 이때 버핏이 플란트에게 현재 가장 중요한 목표 스물다섯 가지를 적어 오게 하였습니다. 그다음 그중에서 가장 중요한 다섯 가지에 동그라미를 쳐 보게 하였습니다. 그러고는 가장 중요하다고 생각하는 다섯 가지 목표를 전부 달성하기 전까지는, 나머지 스무 가지 목표에 관심도 기울이지 말라고 조언하였습니다.

플란트처럼 중요한 목표 스물다섯 가지를 적은 다음, 거기에서 가장 중요한 다섯 가지를 추려 보세요.

현재 가장 중요한 목표 25가지를 적어 보세요. (이루고 싶은 일, 되고 싶은 일, 도달해야 할 일 등)	
25가지 중 가장 중요한 목표 5가지를 적어 보세요.	① ② ③ ④ ⑤

PART 04

일의 의미

———

일을 한다는 것

1

음악을 사랑한 청년, 탄둔

목표를 갖고 열정으로 임하는 경우와 그렇지 않은 경우는 훗날 그 차이가 천양지차로 벌어진다. 열정으로 충만한 사람은 지치지 않고 목표를 달성하기 위해 시간과 에너지를 집중해서 사용한다. 반면, 현실에 만족하는 정도에 그치거나 열정이 부족한 사람은 발전하지 못하고 도리어 퇴보하는 경우도 허다하다. 무슨 일을 하든 자기의 일을 가치 있는 것으로 만들려는 열정은 자신을 더 멀고 높은 곳으로 데려다 준다. 우리는 일을 통해 삶의 의미를 확장하고 보람있는 생활을 할 수 있다.

음악을 사랑하는 한 중국 청년이 무작정 미국으로 향하였다. 청년은 미국에 도착한 뒤 길거리에서 바이올린을 연주하며 생활비를 벌었다. 그는 바이올린 켜는 것을 무척 좋아하였으며 실력도 우수하였다. 그래서 그런지 길거리에서 연주하는 일이 부끄럽게 느껴지지 않았다. 하지만 미국에는 거리 예술가들이 넘쳐났고, 아무리 연주를 잘하더라도 인적 드문 곳에서 연주해서는 생활하기가 힘들었다.

어느 날, 그는 어떤 흑인 연주자와 함께 목이 좋은 곳을 발견하였다. 그곳은 은행 앞이어서 날마다 오가는 인파가 많았고, 다행히 그곳에서 괜찮은 수입을 올릴 수 있어서 생활하기에는 부족함이 없었다. 그러나 그는 거리 공연에 만족하지 않고 음대에 진학하겠다는 목표를 세웠다. 어느 정도 시간이 흐르고 꽤 많은 돈을 모은 청년은 흑인 연주자와 헤어졌다.

목표로 하였던 음악 학교에 진학한 청년은 훌륭한 스승 밑에서 우수한 친구들과 함께 음악을 배웠다. 학교에 다니는 동안은 음악적 소양을 충실하게 하는 것을 목표로 하였다. 경제적인 여건은 길거리 연주자 생활 때보다 힘들었지만, 당장의 물질적인 만족보다 먼 앞날을 내다보며 자신의 실력과 가치를 높이는 데 집중하였다.

몇 년 후, 그는 마침내 실력 있고 유명한 음악가가 되었다. 우연히 그는 예전에 바이올린을 연주하던 은행 앞을 지나게 되었고, 아직도 그 흑인 친구가 그곳에서 연주하는 것을 발견하였다. 그는 친구에게 다가갔다.

"안녕, 그동안 잘 지냈지? 반가워."

"친구, 정말 오랜만이군. 그래, 요새 자네는 어디서 연주를 하나?"

청년은 유명한 음악홀의 이름을 알려 주었다. 흑인은 깜짝 놀라 물었다.

"어디라고? 그 음악홀 앞에도 연주를 듣는 사람이 많은 모양이지?"

"응, 그럭저럭 괜찮아."

그는 흑인 친구에게 자신은 더 이상 거리에서 음악을 연주하지 않고, 음악홀에서 당당하게 연주한다는 사실을 말해 줄 수 없어서 미소를 지으며 돌아섰다. 그가 바로 영화 〈와호장룡〉의 음악으로 아카데미 음악상과 그래미상을 수상한 세계적인 음악가 탄둔(譚盾)이다.

세월의 강은 두 사람을 전혀 다른 방향으로 이끌었다. 흑인 친구도 열심히 노력하기는 하였다. 그랬으니 그때까지 그 자리를 지킬 수 있었을 것이다. 하지만 그는 거기까지만 열심히 한 것이다. 그는 매일 들어오는 적당량의 수입에 만족하고 있었고, 연주자로서 어떤 비전을 세우고 나아갈지에 대한 고민이 부족하였다.

그는 좀 더 미래를 바라볼 필요가 있었고, 자신의 음악을 더 가치 있는 것으로 만들 그 무엇을 생각해야 했다. 탄둔처럼 음악 대학에 진학하지 않더라도 자신의 음반을 내는 방법을 생각해 볼 수도 있고, 자기만의 곡을 쓰거나 노래를 만들 수도 있었다. 그는 '여기보다 더 좋은 목은 없을 거야.'라고 자신의 시야를 제한시켰고, 자기 일을 확장하고 실력을 쌓는 일을 등한시하였다. 반면에 탄둔은 세계적인 음악을 만드는 것에 자기 일의 의미를 두고 있었던 것이다.

탄둔은 중국의 후난성 창사(长沙)의 시마오 마을에서 태어났다. 시마오 마을에서 샤머니즘이나 민속 음악과 친숙한 어린 시절을 보냈으며, 종교 행사에서 음악을 지휘하는 역할에 관심과 흥미를 보이기 시작하였다. 하지만 문화 혁명기의 중간에 있었던 어린 시절, 그는 공산당 정권에 의해 쌀 재배 인력으로 투입되어 2년간 공동농장에서 힘겹게 논일을 해야 했다.

그러나 그러한 상황에서도 그의 음악에 대한 관심과 열정은 계속되었고, 그때 그 지방 농부들에게 민속 음악을 배웠다. 17살이 되자 그는 이미 결혼식부터 장례식까지 마을의 웬만한 경조사는 다 참여하여 풍악을 울려 주는 동네 악단의 지휘자가 되어 있었다. 이 시기의 경험은 훗날 그가 현대 음악 작곡가로서 자신만의 음악 언어를 창조하는 데 특별한 자양분이 되었다. 그는 농촌의 소작농을 모아 음악 그룹을 만들었으며, 그들은 그들이 할 수 있는 어떤 것이든 연주하였다. 당시의 열악한 상황에서 악기를 구할 수 없었던 그들은 주전자나 후라이팬을 두드리는 것으로 연주를 대신하기도 하였다. 이후 그들은 중국 전통 현악기에 대해 배우고 연주하기 시작하였다.

탄둔은 얼마 후 베이징 가극단에 들어가 1년 반 동안 현악기를 다루는 악사가 된다. 그렇게 음악가로서 첫발을 내디딘 탄둔은, 1978년 문화혁명이 끝나고 새로 문을 연 북경 중앙 음악원에 입학하여 본격적인 음악 공부를 시작하였다. 이곳에서 탄둔은 음악원의 다른 학생들처럼 스트라빈스키나 바르톡, 불레즈 같은 서구 현대 음악가들의 어법을 터득하는 데 열중하였다.

음악원 졸업 후 파격적인 교향곡을 발표한 탄둔은 중국 음악계에서 큰 주목을 받았고, 1983년에 만든 실내 악곡으로 중국인으로서는 처음으로 독일의 베버 음악상을 받는다. 그러나 곧 그의 음악은 당국으로부터 '지나치게 서구 지향적이며, 이데올로기적 열성이 부족하다.'라는 비판을 받고, 6개월간 연주와 방송이 금지되기도 하였다. 그는 어려움 속에서도 음악을 배우고 연주하는 것을 게을리하지 않았다.

탄툰은 1986년 뉴욕에 있는 콜럼비아대 음악 대학원에 진학하였고, 거기에서 필립 글래스, 존 케이지 등의 유명한 작곡가를 만났다. 그리고 많은 것을 배우고 느꼈다. 이 경험과 배움을 바탕으로 작곡을 하기 시작하였고, 이 시기는 그의 음악 인생에서 새로운 전기가 되었다.

탄둔은 "나는 젊은 관객들을 위해 영화 음악을 좀 더 예술적으로 만들고, 고전 음악을 좀 더 도전적이고 개념적으로 만들기 위해 노력해 왔다." 라고 하였다. 만일 음악을 통해 이루고 싶은 가치와 의미를 명확하게 알지 못하였다면, 그는 음악적인 실험을 계속할 수 없었을 것이다.

2

해고되자 최고의 작품을 쓴,
나다니엘 호손

하버드대에서 전공 선택 이유에 대한 실험을 한 적이 있다. 전공 선택 이유가 좋아서인지, 돈을 많이 벌기 위해서인지를 확인한 후, 10년 뒤 그들의 삶을 살펴보았다. 그 결과 돈을 벌기 위해 전공을 선택한 학생들 중 부자가 된 사람은 한 명에 불과하였고, 흥미 있고 재미있어서 선택한 학생들은 그중 절반이 부자가 되어 있었다. 이 연구의 결론은, 자기가 좋아하는 일을 열정을 갖고 할 때 성공할 수 있다는 것이다.

열정의 뒷받침 없이는 어떠한 목표도 달성되기 어렵다. 열정은 목표를 향해 행동을 결단하고 실천하게 한다. 열정을 가지고 있으면 일이 힘든 줄도 모르고 집중할 수 있고, 지루함을 느낄 겨를도 없다. 열정으로 가득한 사람은 밤새 일하고도 피곤한 줄 모른다. 일이 능률이 그렇지 않은 경우에

비하여 몇 배나 높다. 그렇다면 열정은 어떻게 할 때 잘 계발되는 것일까? 그리고 그것을 유지하는 좋은 방법은 무엇일까?

열정을 계발하는 가장 빠르고 간단한 방법은, 자신이 '좋아하고 잘하는 일'을 하는 것이다. 그리고 그 일을 통해 이루고 싶은 가치가 무엇인지 아는 것이다. 열정은 바로 거기에서부터 시작된다. 작가 나다니엘 호손도 그러하였다.

나다니엘 호손은 1804년 매사추세츠주 세일럼에서 태어났다. 호손은 천성이 예민한 데다, 10살 무렵 알 수 없는 질병에 걸려 다리를 절게 되는 바람에 집 안에서만 자랐다. 병적일 정도로 예민하였던 그는 낮에는 실내에서만 지내다 해가 지고 나면 잠깐 산책을 하는 정도로 바깥 생활을 하였다. 방에 틀어박혀 책만 보았던 호손은 작가가 되기로 결심하였는데, 그 때문인지 학교 성적은 그리 좋지 않았다. 그는 대학 시절 내내 그리스 고전을 탐독하며 시간을 보냈다. 대학에 간 이유에 대해서는, '인생을 살아가는 데 필요한 기반을 만들기 위해서가 아니라 인생을 꿈꾸기 위해서'라고 말하기도 하였다.

호손은 21살 때 대학을 졸업하고 세일럼으로 돌아와 은둔 생활을 하였다. 낮에는 글을 쓰거나 책을 읽고, 밤이 되면 잠시 마을을 산책하였다. 생활 범주는 매사추세츠를 거의 벗어나지 않았다. 그는 글을 썼다 마음에 들지 않으면 원고를 불태웠고, 마음에 드는 작품은 여러 잡지에 기고하였다. 이 기간에 장편 소설 《팬쇼》를 익명으로 자비 출판하기도 하였으나, 이후에 작품에 불만을 느낀 나머지 모두 회수하여 없애 버리고 말았다.

한동안 그는 단편에만 몰두하였는데, 그 시기에 대략 44편의 단편 및 소품들을 발표하였다.

그가 작가로서 주목받기 시작한 것은, 은둔 생활이 무려 12년이나 지속된 후인 1837년이었다. 이 해에 펴낸 단편집 《다시 듣는 이야기들》에 대해 롱펠로와 에드거 앨런 포가 서평을 쓰면서부터이다. 하지만 전업 작가로서의 생활은 힘든 상황이었다. 아내 소피아와 결혼하고 아이들이 태어나면서 형편이 매우 어려워져서, 얼마 후 그는 세일럼의 세관 검사원으로 일하게 되었다.

그러던 1849년 어느 날, 호손은 무너지는 가슴을 안고 집으로 돌아왔다. 공화당 정권이 들어서면서 세관에서 해고되고 말았던 것이다. 아내에게 그 사실을 고백하는 것이 죽음처럼 괴로웠다.

"미안하오. 이제 어떻게 살아갈지 모르겠소."

그러자 아내는 남편의 손을 잡고 웃으면서 말하였다.

"잘되었네요. 그동안 글을 쓰고 싶었는데 시간이 없어서 못 썼잖아요. 이제 책 쓰는 데만 몰두할 수 있게 되었어요! 그러니 잘된 일이잖아요."

아내는 근심 어린 표정을 짓기는커녕 오히려 기뻐하고 있었다.

"하지만 글을 쓰는 동안 뭘 먹고 살아야 한단 말이오?"

그때 부인이 서랍을 열어, 생활비를 아껴 모은 돈을 보여 주며 말하였다.

"이런 날이 올까 봐 대비해 모아 놓은 돈이 있어요. 1년 동안은 걱정하지 않아도 될 거예요. 이제부터는 글만 쓰세요. 당신은 꼭 걸작을 써 낼 거예요."

그는 마음과 정성을 기울여 소설 집필에 몰두하였다. 그의 소설은 미국을 넘어 세계를 강타하였다. 나다니엘 호손의 《주홍글씨》는 이렇게 탄생하였다. 그 후 그는 19세기 미국을 대표하는 작가가 되었다.

호손에게 해고는 잘된 일이었을까, 그렇지 않은 일이었을까? 그가 책을 집필하는 데만 집중하기로 마음먹지 않았다면 좋은 일이 아니었을 수도 있다. 가족들은 배고픔에 허덕이고 그것을 바라보는 호손은 괴롭고 힘들었을 것이다. 호손은 직장에 몰두하느라 책을 쓸 시간이 부족하였다. 하지만 막상 해고가 되자 생활에 대한 걱정 때문에 책 쓰는 데 집중하자는 생각을 하지 못하였다. 다행히 현명한 아내 덕분에 그에게 주어진 시간의 정체를 깨닫게 되었고, 그 시간을 온전히 자신이 하고 싶은 일에 집중할 수 있었다.

직장을 다니면서 일이 힘들어 그만두고 싶다는 말을 하던 사람도 막상 직장을 잃으면, 고된 직장이라도 다녔으면 좋겠다는 반응을 보이는 경우가 많다. 학기 중에는 학교 수업과 활동 때문에 자신이 하고 싶은 것을 못해서 불만인 학생도 방학처럼 긴 시간이 주어지면, 그 시간을 제대로 쓰지 못하고 어영부영 흘려보내는 경우를 자주 볼 수 있다.

평소에 자기가 정말 하고 싶고 잘하는 일이 무엇인지 진지하게 생각해 보지 않은 사람은, 막상 시간과 기회가 주어져도 그 기회를 살리지 못한다. 시련이 기회의 얼굴로 찾아와도 알아보지 못하는 것이다. 호손은 직장을 잃고 일을 할 수 없게 되자 항상 하고 싶었던 소설 작업에 온 힘을 다 쏟을 수 있었고, 결국 작가로서 성공할 수 있었다.

3

할리우드 최고의 흥행사, 스티븐 스필버그

〈E·T〉, 〈쥬라기 공원〉, 〈쉰들러 리스트〉 등 숱한 히트작을 만든 스필버그는 '영화의 마술사'라는 별명을 가지고 있다. 그는 "내 문제는 상상력이 흘러넘친다는 것이다. 나는 늘 흥분된 상태로 일어나 아침밥을 먹을 수 없을 정도이다."라고 말하였는데, 그의 창의력의 원천이 영화에 대한 열정에 있음을 알 수 있다.

관객들이 영화를 보면서 재미를 느끼고 흥분하듯이, 그도 영화를 만들면서 재미에 푹 빠졌다. 자신의 일에서 매일 재미와 흥미를 느낀 것이 그의 성공 비결 중 하나였다. 그는 그날 해야 할 일을 생각하면서 잠자리에서 일어났기 때문에 식사도 제대로 못할 지경이었다고 하였다. 저녁에는 더 일하고 싶은 생각에 해가 지는 것을 아쉬워하였다.

스필버그가 조지 루카스와 함께 〈인디아나 존스〉를 찍을 때의 일이다. 인디아나 존스가 밧줄을 잡고 트럭 아래로 끌려가는 장면을 찍을 때 그는 루카스에게 이렇게 말하였다.

"이봐, 이런 일을 하면서 돈을 받는다는 사실이 믿어지나?"

너무 재미있어서 돈을 내면서 하라고 해도 하고 싶다는 뜻이다. 자신이 하고 싶은 일을 이렇게 열정적으로 하였으니 성공은 당연한 것이었다.

스필버그의 어린 시절은 외롭고 힘들었다. 책을 잘 읽지 못하는 난독증이 있었던 데다가, 유대인에 대한 친구들의 따돌림 때문에 학교 가기를 싫어하였다. 초등학교 때 담임 선생님은 "그는 매우 조용한 아이였다. 친구가 없어서 참 안타까웠다. 착하고 몸집이 작은 소년이었고, 수줍음을 많이 탔다. 다른 아이들은 모든 일을 자기 마음대로 하기를 바라는데, 그는 그렇지 않았다. 자신감 부족 때문인 것 같았다. 나는 정말 꿈에도 그가 어른이 되어 지금의 그가 될 줄은 상상도 못 하였다."라고 말하였다.

그런데 그러한 그가 유일하게 재미있어 하는 것이 '영화'였다. 그는 12살 때부터 영화감독이 되는 것이 꿈이었다. 아버지로부터 선물 받은 8mm 카메라를 이용하여 가족 소풍과 캠프 여행을 촬영하기 시작하였고, 곧 다양한 앵글을 실험해 보고 기술적 트릭을 부리는 재주를 터득하였다고 한다. 그러나 그의 부모는 어린 스필버그에게 영화뿐만 아니라 TV도 못 보게 하였다. 그래서 몰래 카메라 연습을 하고 TV도 훔쳐보며 생활하였다. 온통 영화에만 빠져 있는 바람에 당연히 공부는 뒷전이었다. 결국 부모님은 스필버그에게 일정 성적 유지를 조건으로 영화 만드는 것을 허락하였다.

고교 시절 스필버그는 영화에 더 빠져들었다. 그 시절 아르바이트를 해서 번 돈을 투자하여 8mm 및 16mm 영화를 여러 개 만들었다. 그의 아버지는 공상 과학 소설과 천문학을 좋아하였는데, 스필버그도 그 영향을 받아 자신이 직접 만든 망원경으로 몇 시간씩 하늘을 관측하고는 하였다. 이러한 관심이 그의 첫 번째 장편 영화 〈불빛〉을 만들게 하였다.

16살 때는 애리조나 주립 대학 학생들의 도움으로 제작비 500달러를 들여 2시간 30분짜리 SF 영화를 만들었다. 그 영화를 동네 극장에서 하룻밤 상영하였는데 무려 1천 달러의 수입을 올렸다고 한다.

17살 때 스필버그는 유니버설 스튜디오에 견학을 가게 되었는데, 일정이 끝난 뒤 버스로 돌아가지 않고 스튜디오 안으로 몰래 들어가 편집 기술자와 말문을 트면서 3일간의 자유 이용권을 얻었다. 그런데 3일 후에도 그는 돌아가지 않고, 스튜디오 안의 버려진 공간에 개인 사무실을 차리고 매일 출근하였다.

그는 만나는 사람마다 "안녕하세요. 스티븐 스필버그 감독입니다."라고 인사하였다. 너무 당당하고 자연스럽게 인사하는지라 아무도 그를 의심하지 않았다. 그러자 아예 사무실에 전화까지 연결해서 사용하였고, 그러한 일은 무려 2년 동안이나 계속되었다. 그렇게 함으로써 자연스럽게 영화 관계자들을 접하게 되었는데, 알프레드 히치콕 같은 감독들이 일하는 것을 직접 보면서 자신도 언젠가 대감독이 되겠다는 꿈을 키워 나갔다. 이렇듯 스필버그의 영화에 대한 열정은 그 누구도 못 말리는 수준이었다.

1975년 영화 〈죠스〉로 큰 성공을 거둔 이후, 그는 할리우드 최고의

'흥행사'로 우뚝 올라섰다. 〈죠스〉, 〈E·T〉, 〈레이더스〉, 〈인디아나 존스〉 등의 영화로 할리우드 역대 흥행 기록을 깼다. 그는 어릴 적 멀리서 바라만 보던 최고의 감독이 되겠다는 꿈을 이루게 되었고, 더 좋은 작품으로 관객에게 재미를 주기 위해 노력하였다.

열정은 비행기의 엔진과 같아서, 목표를 향해 멈추지 않고 계속해서 나아갈 수 있게 해 주는 강력한 추진력이다. 열정 없이 이루어지는 일은 없다. 아무리 거창한 목표를 가졌다고 해도 열정이 유지되지 않으면 목표를 향한 발걸음을 계속 디딜 수 없다. 그래서 훌륭한 리더는 조직원에게 열정을 불어넣는 법을 알고 있는 사람이다. 또 자신의 분야에서 성공한 사람들은 스스로 열정을 끌어내고, 그것을 유지하는 법을 알고 있다. 스필버그도 자신이 좋아하는 영화를 만드는 것에 온 열정을 쏟았고, 결국 목표를 이룰 수 있었다.

스필버그는 "나는 영화를 통해, 상상력을 통해 무엇이든 할 수 있으며, 어느 곳에서나 살 수 있었다."라고 말하였다. 우리는 자신의 일을 열정적으로 함으로써 세상을 위해 봉사할 수 있고, 자신의 가치를 실현할 수 있다.

4

대학 시절 컴퓨터 회사를 창업한, 마이클 델

무슨 일이든 열정 없이 진행하면 금방 지치고 쉽게 포기하게 된다. 당연히 성과도 낮을 수밖에 없다. 똑같은 일을 하더라도 열정으로 충만한 사람은 오랫동안 지치지 않으며 즐겁게 일할 수 있다. 또 일하는 동안 몰입할 수 있으니 행복감도 느끼게 된다. 행복한 삶을 살아가기 위해서는 열정을 유지하고 지속시켜 나가는 법을 터득해야 한다. 성공으로 가는 자동차에 열정이라는 에너지를 충전한다면, 먼 길이라도 지치지 않고 헤쳐나갈 수 있다.

미국 플로리다에 가난한 농부의 아들로 태어나 일찍 아버지를 여의고 인쇄소의 직공으로 일하던 한 소년이 있었다. 아버지가 일찍 돌아가셔서 일을 하느라 고된 노동에도 버는 것은 너무 적었다. 소년은 꿈과 희망도 없이 하루하루를 버텨 나갔고, 유일한 낙은 틈틈이 책을 읽는 것뿐이었다.

어느 날 그는 길을 걷던 중 바람에 날리는 종이 한 장을 발견하고 그것을 집어 들었다. 그것은 프랑스의 애국 소녀 잔 다르크가 애국 운동을 하다 체포되어 성안의 감옥에 갇혀 있는 내용으로, 〈잔 다르크 전〉의 일부가 적힌 것이었다. 소년은 그 자리에서 내용을 단숨에 읽었다. 그리고 궁금증이 더 생겨서 잔 다르크에 관한 책을 닥치는 대로 읽기 시작하였다.

책을 읽을수록 고난을 당하였던 그녀의 삶과 그녀를 핍박하던 세력에 대한 분노 때문에 마음을 진정할 수가 없었다. 그는 잔 다르크의 삶에 매료되었고, 감명을 받아 잔 다르크의 위인전을 몇 번이나 반복해서 읽었다.

그 후 14살 때 글을 쓰는 작가가 되어야겠다는 결심을 하고, '잔 다르크의 회상'이라는 책을 쓰기에 이르렀다. 드디어 그는 인쇄소의 보잘것없는 직공이 아닌 어엿한 작가 마크 트웨인으로 새로 태어났으며, 더욱 노력하여 마침내 세계적인 대 작가가 되었다.

마크 트웨인은 우연히 '잔 다르크 전'의 일부 내용을 주워 읽은 것을 계기로 잔 다르크에 대해 궁금증이 생겼고, 잔 다르크를 제대로 알아보고자 관련 서적을 닥치는 대로 읽기 시작하였다. 그의 마음속은 온통 잔 다르크에 대한 생각으로 가득하였다. 잔 다르크에 대한 관련 자료를 섭렵하게 되자 자연히 생각이 정리되었고, 그것을 자기만의 방식으로 표현하고 싶었다. 그래서 자기의 마음과 생각을 담은 책을 쓰게 된 것이다.

이렇듯 분명한 목표를 가진 사람은 삶이 단순하다. 단순해야 몰입할 수 있고, 몰입해야 큰 성취를 이룰 수 있다.

"20년 뒤 당신은 했던 일보다 하지 않았던 일 때문에 더 실망할 것이다. 그러니 밧줄을 풀고 안전한 항구를 떠나라. 탐험하라, 꿈꾸라, 발견하라."

마크 트웨인의 이 말처럼 안전한 생활에 안주하기만 한다면 훗날 후회로 가득하게 될지도 모른다. 마음속의 열정을 끌어올려 모험의 세계로 기꺼이 들어가 볼 일이다.

델 컴퓨터의 창업자인 마이클 델 역시 열정과 상상력을 바탕으로 도전을 아끼지 않았다. 델은 어릴 때 컴퓨터의 시초라 할 수 있는 전자계산기를 갖게 된 뒤부터 컴퓨터에 크게 매료되었다. 중학교 시절에는 중앙 컴퓨터와 연결해서 사용하는 단말기를 만지며 컴퓨터에 대한 갈증을 해소하였다. 컴퓨터에 대한 열정으로 실력은 쑥쑥 좋아졌고, 학교 출석 관리 프로그램을 만들어 줄 수 있을 정도로 프로그래밍 실력도 대단하였다. 컴퓨터에 대한 애착이 커져 가던 그는, 15살 생일에 부모님을 졸라 처음으로 애플2를 구입하면서 운명적으로 컴퓨터와 만났다. 우편으로 배달되는 애플2를 조금이라도 빨리 받아 보고 싶은 마음에 아버지에게 떼를 써서 우체국에 가서 직접 받아 오기까지 하였다.

그런데 애플2를 선물 받은 그가 가장 처음으로 한 일은 분해였다. 컴퓨터 내부가 어떻게 생겼는지 너무 궁금하였고, 컴퓨터의 작동 방식이 너무나 알고 싶었던 것이다. 방문을 연 부모님은 그가 컴퓨터를 분해하고 있는 모습을 보고 깜짝 놀라고 말았다. 수천 달러나 하는 컴퓨터를 델이 망가뜨렸다고 생각하였기 때문이다. 하지만 델은 그동안 쌓은 컴퓨터 지식으로 다시 컴퓨터를 조립할 수 있었다.

혼자서 컴퓨터를 부수고 분해하고 조립해 본 델은, 유통 과정에서 마진(중간 이윤)이 너무 크다는 것을 알게 되었다. 당시 중간상들은 IBM PC를 2천 달러에 사서 3천 달러에 팔고 있었다. 그는 동일 부품을 구매하여 조립한 다음 주변 사람들에게 더 싸게 팔았다. 그러면서 '이것을 대량으로 하면 더 크게 성공할 수 있지 않을까?'라는 생각을 하였다.

이렇게 생각하자 의사가 되고자 하였던 대학 생활은 지루하고 따분할 수밖에 없었다. 결국 델은 텍사스 의과 대학 1학년 시절, 단돈 1천 달러로 델 컴퓨터를 창업하였다. 델은 회사 설립 직후부터 대량 생산된 컴퓨터를 중간 판매상을 통해 판매하는 전통적 모델이 아닌, 고객으로부터 직접 맞춤 PC를 주문 받는 혁신적 기법을 도입하여 비약적인 성장을 이루어 냈다.

이러한 직접 판매 방식은 여러 가지 면에서 혁명적인 요소를 갖고 있었다. 재고 부담이 없었고, 중간 마진을 없앰으로써 고객에게 저렴한 가격에 서비스할 수 있었다. 또한 고객의 요구 사항을 실시간으로 제품 생산에 반영함으로써, 고객의 만족도를 크게 높일 수 있었다. 당시로서는 매우 획기적이었던 이 발상은 PC업계에 지각 변동을 일으켰다.

부모님이 사 주신 컴퓨터를 그 자리에서 분해하였던 델은 컴퓨터에 대한 열망으로 꽉 차 있었다. 그는 틈만 나면 컴퓨터 관련 책을 읽고 컴퓨터를 다루었다. 무엇이 사람을 움직이게 하는가? 마음속에 타오르는 열망이 가득할 때 사람은 생각하지 못했던 일들을 상상해 내고, 한 번도 시도하지 못했던 일을 시도하게 된다.

대부분의 사람들은 목표가 분명하지 않은 상태에서 너무 많은 일에 도전하느라 에너지를 낭비하고, 그러다 중도에 포기하게 된다. 열정을 지속시키기 위해서 자신을 가장 흥분시키는 일이 무엇인지 생각하고, 그 일에 시간과 에너지를 집중하고 상상력을 결합하여 더 나은 무언가를 만들기 위해 노력해야 한다. 너무 많은 목표를 가지면 열정이나 에너지가 분산되어 어느 것도 이루기 어렵다.

델은 자신을 흥분시키고 열망을 불러일으키는 일이 무엇인지 분명하게 알고 있었다. 그리고 세상의 변화를 이해하고 컴퓨터 사업에 과감하게 뛰어들었다. 자기가 할 '일'을 찾는 것은 누가 대신해 줄 수 없다. 스스로의 노력으로 부지런히 찾고, 자신과의 대화를 게을리하지 말아야 한다.

5

80일간의 세계 일주, 쥘 베른

인생의 길을 걷다 보면 굽이굽이 고갯길이 나온다. 편안한 길보다는 힘들고 어려운 일이 더 많은 것이 일반적이다. 큰 목표를 세우고 그것을 향해가다 보면 그에 비례해서 어려움이 더 크게 다가오기 마련이다. 어떤 날은 감당할 수 없는 태풍과 폭우를 만나기도 한다. 그럴 때 우리는 어떻게 해야 지혜롭게 시련을 이겨 낼 수 있을까?

프랑스 서부 낭트 항구, 출항을 앞둔 인도행 무역선에 11살 소년이 견습생으로 승선하였다. 소년은 한눈에 반해 버린 사촌 누이에게 산호 목걸이를 선물할 꿈에 부풀어 있었다. 하지만 배가 해안을 벗어나기 직전, 허겁지겁 달려온 아버지에게 소년은 질질 끌려가고 말았다. 아버지에게 호된 꾸

지람을 들으며 소년은 약속하였다.

"앞으로는 꿈속에서만 여행하겠어요."

그가 바로 《80일간의 세계일주》, 《해저 2만리》의 작가 쥘 베른이다. 그가 처음부터 과학 소설을 쓴 것은 아니었다. 그는 1847년에 파리의 법과대학에 입학하였다. 하지만 그의 호기심을 자극한 것은 문학이었다. 이때 그는 빅토르 위고의 스타일로 장편을 기획해 보았다. 그러나 아버지는 장남인 쥘이 당연히 자신을 따라 변호사가 될 줄 알고 이를 대수롭지 않게 여겼다. 쥘을 파리의 법대에 보낸 것도 이러한 까닭이었다.

쥘은 파리 생활 중 여러 문학 살롱에 출입하며 문단 인사들과 인연을 쌓았는데, 그중에는 《몬테크리스토 백작》, 《삼총사》의 작가 알렉상드르 뒤마도 있었다. 1849년에 법학사 학위를 받았지만 그는 고향으로 돌아가지 않았다. 그 대신 뒤마가 운영하는 극장에서 비서로 일을 하였다. 이것을 계기로 쥘 베른은 희극과 오페레타(음악과 연극을 합친 점에서 오페라와 비슷하지만, 낭만적·감상적인 줄거리에 노래와 관현악으로 변화를 주며 구어체 대사와 함께 화려한 춤이 어우러진 점이 다르다)의 대본을 본격적으로 쓰기 시작한다. 하지만 극작가로서 오랫동안 빛을 보지 못하였고, 결혼한 뒤에는 생계를 위해 증권 거래소에서 일하게 된다.

1858년 프랑스를 떠들썩하게 한 일이 생겼다. 사진작가이자 모험가로 유명한 나다르가 기구를 타고 최초의 항공 사진 촬영에 성공한 것이다. 그것을 보고 고무된 쥘 베른은 '공중 여행'의 원고를 쓰기 시작하였다. 두문불출하며 집필에 몰두한 결과 드디어 출판할 원고를 완성하였다. 그는 부푼 마음을 안고 책을 내 줄 출판사를 찾아갔다. 그러나 그의 원고를 읽어 본 출판사에서는 공상 과학 소설인 이 작품에 전혀 흥미를 느끼지 못하였다. 심지어 글 자체도 형편없다는 평가를 받았다.

열다섯 군데의 출판사를 찾아갔으나 모두 거절이었다. 베른은 모든 의욕이 사라졌고, 절망감이 파도처럼 밀려왔다. 원고를 다시 보니 헛웃음이 나왔다.

'이런 형편없는 작품을 쓰고 의기양양했다니, 정말 부끄럽구나.'

아무래도 자신은 작가로서 재능이 없는 것 같았다. 그래서 쓴 원고를 파기하기로 마음먹었다. 베른은 원고를 한 장씩 찢어서 벽난로에 집어넣기 시작하였다. 마침 그 모습을 발견한 아내가 급히 달려와 그를 말렸다.

"포기하기에는 아직 일러요. 원고를 좀 더 수정해서 다른 출판사를 알아보도록 해요."

그는 아내의 의견을 따르기로 하였다. 마음을 진정하고 원고를 다시 다듬었다. 소식을 들은 뒤마는 한 출판인과의 만남을 주선하였는데, 그의 이름은 피에르 쥘 에첼이었다. 에첼은 단순한 출판업자가 아니었다. 그 자신이 직접 글을 쓰는 작가이기도 하였고, 재미있고 유익한 책을 통해 아이들의 정신을 고양시키려는 교육자였고, 새로운 아동 잡지 창간 계획까지 갖고 있었다.

베른의 원고를 건네받은 에첼은 작품의 제목을 《기구를 타고 5주간》으로 바꾸고, 독자들이 재미있게 읽을 수 있도록 원고를 수정하라고 하였다. 글솜씨가 아직 다듬어지지 않았지만 그의 재능을 간파한 에첼은 베른에게 장기 계약을 제안하였다. 1863년 출간된 《기구를 타고 5주간》은 출간 즉시 주목을 받았으며, 독자들의 큰 사랑을 받았다.

만약 베른이 자신의 원고를 모두 불태웠다면 어떻게 되었을까? 가장 절망적인 순간일지라도 '한 번 더 해보자' 하는 마음이 나를 성공으로 이끈다. 어떤 분야에 재능이 있더라도 그것이 탁월해지기 전까지는 세상의 인정을 받기가 어렵다. '공중 여행'의 원고가 초기에 출판사에서 채택되었다면, 《기구를 타고 5주간》이라는 작품이 되지는 못하였을 것이다. 다행히 출판사들이 거절하였고 심혈을 기울여 고쳐쓰기를 한 결과 제대로 된 작품을 완성할 수 있었다. 어떤 일이든 최고의 것을 만든다는 자세로 접근한다면 언젠가 그 가치는 인정받게 될 것이다.

6

65살에 KFC를 창업한, 커넬 샌더스

열정은 모든 어려움을 극복하게 하는 원동력이다. 비록 상황과 조건이 잘 맞지 않더라도 열정이 있다면 다시 일어설 수 있다. KFC(켄터키 프라이드 치킨)도 커넬 샌더스의 열정으로 탄생하였다.

KFC는 커넬 샌더스가 65살의 나이로 창업한 기업이다. KFC를 창업하기 전 커넬 샌더스는 원래 하던 다양한 사업이 모두 망하고, 소액의 국가 연금으로 연명하던 암담한 상황이었다. 그러한 상황에서도 그는 다시 도전에 나섰고 결국 세계 최고의 치킨 프랜차이즈를 일궈 내는 데 성공하였다.

샌더스는 1890년 미국 인디애나주에서 농부의 아들로 태어났다. 6살 때 아버지를 여의고 가세가 기울자, 어린 샌더스도 농장 일을 도와야 했다.

학교는 7학년까지 다니다 그만두었다. 14살부터는 미국 전역을 떠돌며 보일러 점검원, 보험 판매원 등 다양한 일을 닥치는 대로 하였다. 철도 레일을 까는 노동자로, 소방관으로 일하기도 하였다.

1920년 샌더스는 최초의 사업에 도전하였는데, 오하이오 강을 오가는 정기연락선을 운행하는 것이었다. 사업 자금이 모자랐던 그는 투자자들에게 고용되어서 일해야만 했다. 하지만 얼마 후 오하이오 강에 다리가 생기고 자동차가 오가면서 최초의 사업은 실패로 끝나고 말았다. 연락선 사업을 정리하고 램프 만드는 공장을 해 봤지만, 그것도 다른 회사와의 경쟁에서 이기지 못하여 망하고 말았다. 그 다음 선택한 사업은 주유소였다. 당시 막 보급되기 시작하였던 자동차에 주목하고, 그에 발맞춰 주유소가 많이 필요할 거라는 판단이었다. 사업은 순조롭게 성장하였다.

그렇지만 1929년 경제 대공황이 닥치면서 그의 주유소 사업도 실패로 돌아가고 말았다. 계속되는 실패로 힘이 빠졌지만 그대로 주저앉을 수만은 없었다. 그는 다시 주유소 사업에 도전하였고, 이번에는 컨셉을 조금 바꾸었다. 주유는 기본으로 하고 손님들에게 식사까지 제공하는 자동차 카페를 시작한 것이다. 다른 주유소와 차별화된 경쟁력을 갖추자 샌더스의 자동차 카페는 곧바로 유명해졌다. 거기서 그는 음식에 대한 자신감이 생겼고, 그래서 다시 새로운 도전을 한다. 주유소를 그만두고 레스토랑으로 전업한 것이다.

그의 레스토랑인 '샌더스 카페'는 금세 맛집으로 유명해졌다. 유명 음식 평론가의 호평을 받았고, 미국 전역의 레스토랑 안내서인 '즐거운 식사를 위한 모험'에 샌더스 카페의 이름이 올랐다. 이제 성공으로 가는 차선으로 이동한 것처럼 보였다.

하지만 카페에 큰불이 나 모든 것이 불타 버리면서 샌더스를 위기로 몰아넣었다. 그는 어렵게 모은 돈으로 레스토랑을 다시 시작하였다. 그리고 어려운 시기를 헤쳐 나가기 위해 신 메뉴 개발에 매달렸다.

샌더스 카페의 주요 메뉴는 '미국 남부식 닭고기 튀김'이었다. 이 닭고기 튀김은 닭고기에 여러 가지 양념을 바른 후 프라이팬에 기름을 둘러 볶아 내는 방식으로 만들었다. 맛은 제법 괜찮았지만 닭을 볶는 데만 30~40분이 넘게 걸렸다. 그는 이 시간을 단축할 방법을 찾기 위해 열심히 연구하였다. 그러던 중 고온의 압력솥에 기름을 넣고 닭고기를 삶아 내면, 기존 방식보다 훨씬 빠르면서도 살코기는 더욱 촉촉해진다는 사실을 알아냈다. 여기에 백후추와 11가지 허브, 스파이스를 더해 튀김의 맛을 살려 내는 데 성공하였다. 다시 희망의 사다리가 보였다.

그런데 그에게 또 다른 시련이 찾아왔다. 그의 레스토랑이 위치한 지방 국도를 대신해 새로운 도로가 생기면서 샌더스 카페에 찾아오는 손님이 급격히 줄어든 것이다. 신메뉴를 만든 보람도 없이 사업은 급격히 몰락하였고, 아내와 아이들마저 살길을 모색하기 위해 그를 두고 떠났다. 결국 카페는 경매에 넘어가고 말았다.

60살이 넘은 그에게 남은 것은 정부에서 주는 얼마 되지 않는 연금, 낡은 자동차, 몇 벌의 양복뿐이었다. 이보다 더 절망적인 상황은 없었다. 하지만 가만히 생각해 보니 그에는 중요한 자산이 하나 남아 있었다.

'그래, 아직 절망할 때는 아니야. 내가 만든 치킨 조리법과 레시피가 있잖아! 그걸 팔아야겠어. 레시피와 조리법을 식당에 전수해 주고, 그 대가로 이익의 일부를 나눠 갖는다면 괜찮은 사업이 될 수도 있겠는데.'

그는 가장 기초적인 형태의 프랜차이즈(특정한 상품이나 서비스를 제공하는 주재자가 일정한 자격을 갖춘 사람에게 자기 상품에 대하여 일정 지역에서의 영업권을 주는 방식) 사업을 구상하였다. 샌더스는 자신의 콘텐츠를 사 줄 사람을 찾아 낡은 자동차를 끌고 길을 나섰다.

샌더스는 자동차 안에서 새우잠을 자고 주유소 화장실에서 면도를 하면서 미국 전역을 떠돌며 자신의 조리법을 팔았다. 하지만 아무도 그의 조리법을 사려고 하지 않았다. 무려 1008번의 거절을 당하였다. 그래도 포기하지 않고 또다시 조리법을 알아봐 줄 사람을 찾아다녔다. 마침내 1009번째 방문한 식당에서 조리법을 살 사업가를 만나게 되었다.

그 사업가는 자신의 동네에서 보기 힘든 닭고기 튀김에 많은 관심을 보였고, 샌더스의 조리법을 구매하기로 결정하였다. 샌더스의 긴 고난이 끝나는 순간이었다.

그리고 샌더스가 개발한 닭고기 튀김을 단순히 남부식 닭고기 튀김이라 부르기보다, 소비자들의 기억에 남는 이름을 붙이는 것이 좋겠다는 판단을 하였다. 그래서 켄터키 대령(그는 켄터키 주지사로부터 명예 직위인 켄터키 대령이라는 칭호를 받았었다) 이라는 애칭에서 착안하여 '켄터키 프라이드 치킨(KFC)'이라 이름 붙이고 판매에 나섰다. KFC 1호점이 탄생한 것이다.

샌더스는 "현실이 슬픈 모습으로 다가올 때면, 그 현실을 보지 말고 멋진 미래를 꿈꾸세요. 앞만 보고 달려가세요. 인생 최대의 난관 뒤에는 인생 최대의 성공이 숨어 있답니다."라며 난관과 역경을 하나의 공부로 생각하라고 하였다.

난관 뒤에는 커다란 성공이 숨어 있다는 그의 말은 듣기 좋으라고 하는 이야기가 아니라, 수많은 실패를 겪고 마침내 성공한 사람이 전해 주는 진실한 경험의 철학이다. 어려움에 고개를 숙이고 일어설 힘조차 없더라도 1009번 도전하였는지 묻고, 다시 한 걸음 내디뎌 보자.

우리는 일을 통해 많은 것을 배운다. 일은 인생의 가장 큰 공부를 하는 시간이다. 또한 자신을 발견하고 개발하는 창조적 활동이다. 일이 없다면 우리는 무미건조한 생활에 금방 지치고 힘들어하게 된다. 일은 우리를 살아 있게 하는 원동력이다.

어디까지 성장할까?

거리에서 함께 연주하던 탄둔과 흑인 친구는 훗날 가는 길이 많이 달라집니다. 흑인 친구도 열심히 노력하기는 하였지만, 좀 더 미래를 바라볼 필요가 있었고, 자신의 음악을 더 가치 있는 것으로 만들 그 무엇을 생각해야 했습니다. 탄둔처럼 음악 대학을 진학하지 않더라도 자신의 음반을 내는 방법을 생각해 볼 수도 있고, 자기만의 곡을 쓰거나 노래를 만들 수도 있었습니다. 사람은 자신이 바라보는 곳까지만 도달할 수 있습니다. 자신의 진로 분야에서 가장 멀리 바라본다면, 스스로 어느 정도까지 성장하리라 기대하나요?

> **자신의 진로 분야에서 가장 멀리 바라본다면,
> 스스로 어느 정도까지 성장하리라 기대하나요?**

예 진로 분야 – 소설 작가. 판타지 분야에서 《서유기》나 《해리포터》와 같은 세계적인 베스트 셀러를 쓸 수 있도록 꾸준하게 작품을 만들어 가겠다.

내가 하고 싶은 일

　직장 생활로 바빠서 소설 쓰기에 전념할 수 없었던 호손은, 우연히 직장에서 해고된 후 집필에만 몰두하여 세계적인 작가가 될 수 있었습니다. 학기 중에는 학교 수업과 활동 때문에 자신이 하고 싶은 것을 못해서 불만인 학생도, 방학처럼 긴 시간이 주어지면 그 시간을 제대로 쓰지 못하고 어영부영 흘려보내는 경우를 자주 볼 수 있습니다.

　평소에 자신이 정말 하고 싶고 잘하는 일이 무엇인지 진지하게 생각해 보지 않은 사람은, 막상 시간과 기회가 주어져도 그 기회를 살리지 못합니다. 만약 나에게 30일 동안 하고 싶은 일을 마음껏 할 수 있는 시간이 주어진다면 내가 하고 싶은 일은 무엇이고, 30일을 어떤 식으로 활용할 것인지 적어 보세요.

**만약 나에게 30일 동안 하고 싶은 일을 마음껏 할 수 있는
시간이 주어진다면 내가 하고 싶은 일은 무엇이고,
30일을 어떤 식으로 활용할 것인지 적어 보세요.**

* 30일 동안 하고 싶은 일:

* 30일 동안 할 일의 시간 활용 계획:

열정을 쏟고 싶은 일

스필버그가 조지 루카스와 함께 〈인디아나 존스〉를 찍을 때, 인디아나 존스가 밧줄을 잡고 트럭 아래로 끌려가는 장면에서 루카스에게 이렇게 말하였습니다.

"이봐, 이런 일을 하면서 돈을 받는다는 사실이 믿어지나?"

너무 재미있어서 돈을 내면서 하라고 해도 하고 싶다는 뜻입니다. 돈을 내면서 하라고 해도 할 만큼, 열정을 쏟고 싶은 일은 무엇인가요?

돈을 내면서 하라고 해도 할 만큼, 열정을 쏟고 싶은 일은?
예 응급 상황에서 사람을 구호하는 일을 정말 열심히 배워 보고 싶다.

나에게 영향을 미친 일

마크 트웨인은 우연히 《잔 다르크 전》의 일부 내용을 주워 읽은 것을 계기로 잔 다르크에 대해 궁금증이 생겼고, 잔 다르크를 제대로 알아보고자 관련 서적을 닥치는 대로 읽기 시작하였습니다. 그의 마음속은 온통 잔 다르크에 대한 생각으로 가득하였습니다. 잔 다르크에 대한 관련 자료를 섭렵하게 되자 자연히 생각이 정리되었고, 그것을 자기만의 방식으로 표현하고 싶어서 자기의 마음과 생각을 담은 책을 쓰게 되었습니다. 이렇듯 우리는 우연한 기회에 호기심과 열정을 자극하는 것들을 만나게 됩니다. 그리고 그것을 잘 키워 나가면 자신의 진로와도 연결되고는 합니다. 내가 우연히 체험한 일들 중에서 나의 호기심과 흥미를 일으킨 일이 있었나요? 그리고 그 일은 나에게 어떤 영향을 미쳤나요?

내가 우연히 체험한 일 중에서 나의 호기심과 흥미를 일으킨 일은?	예 초등학교 4학년 때 엄마와 차를 타려고 기다리다가 어떤 차에 붙어 있는 달팽이를 보고 신기해서 계속 관찰하였다. ① ② ③
그 일은 나에게 어떤 영향을 미쳤나요?	예 집에 와서 달팽이에 대해 인터넷 자료와 동영상을 찾아보고 달팽이를 직접 기르고 관찰하게 되었다. 달팽이 기르는 것도 재미있었지만 나중에 관련 사업을 할 수도 있겠다는 생각이 들었다. ① ② ③

진로 의사 결정

쥘 베른의 아버지는 그가 변호사가 되기를 바랐습니다. 그래서 법학 대학에 진학하여 졸업은 하였지만, 문학에 더 관심을 가지고 노력한 결과 작가가 되었습니다. 내가 하고자 하는 일은 무엇이며, 부모님이 자신에게 바라시는 일은 무엇입니까? 만약 부모님의 희망과 자신의 희망이 다르다면 앞으로 어떻게 할 계획입니까?

내가 하고자 하는 일	
부모님이 자신에게 바라시는 일	
부모님의 희망과 자신의 희망이 다르다면 앞으로 어떻게 할 계획입니까?	

실패의 의미

샌더스는 자동차 안에서 새우잠을 자고 주유소 화장실에서 면도하면서 미국 전역을 떠돌며 자신의 조리법을 팔고 다녔지만, 아무도 그의 조리법을 사려고 하지 않았습니다. 무려 1008번의 거절을 당하였지만 포기하지 않고 또다시 조리법을 알아봐 줄 사람을 찾아다녔고, 마침내 1009번째 방문한 식당에서 조리법을 살 사업가를 만나게 되었습니다.

성공으로 가는 길에 거절이나 실패는 당연히 존재합니다. 여러 번 실패하였지만 계속 도전하여 결국 성공하였던 일은 무엇입니까? 그 일을 통해 '실패'를 무엇이라고 생각하게 되었나요?

여러 번 실패했지만 계속 도전하여 성공하였던 일은?	예 초등학교 5학년 때 자전거를 배우는데 계속 넘어지다가, 30분 만에 자연스럽게 탈 수 있게 되었다. ① ② ③
그 일을 통해 '실패'를 무엇이라고 생각하게 되었나요?	예 실패는 성공으로 가는 징검다리이다. ① ② ③

PART 05

노력

재능을
키우는 힘

1

뇌성마비 장애를 극복한 영업왕, 빌 포터

어려움과 곤경에 처했을 때 사람마다 그 상황을 바라보는 시선이 다르다. 그런데 모든 어려움에는 반드시 그에 상응하는 가치가 숨어 있다. 신은 모든 창문을 닫는 법이 없다. 한쪽 창문을 닫을 때 반드시 다른 쪽 문을 열어 둔다. 따라서 우리에게 필요한 것은 열린 문을 바라볼 수 있는 능력이다.

역경이 신의 축복임을 온몸으로 증명한 사람이 있다. 바로 전설의 판매왕 빌 포터(Bill Porter)이다. 그는 많은 사람이 꺼리는 직종 중 하나인 방문판매 영업직을 뇌성마비의 몸으로 수십 년간 계속해서 불멸의 신화를 창조하였다.

빌 포터는 난산 과정에서 의사의 실수로 뇌성마비 장애를 얻었다. 사용할 수 있는 신체 부위는 두 다리와 왼손의 엄지와 검지뿐이었다. 오른손은 펴지 못하였고 다리를 절뚝거렸으며, 등은 구부러져 있었고, 말투는 어눌하였다. 포터의 어머니는 비록 장애가 있더라도 혼자의 힘으로 살아갈 수 있도록 아들에게 늘 용기를 북돋아 주었고, 신념을 가지게 해 주었다.

성인이 된 포터는 남의 도움 없이 돈을 벌기로 마음먹었다. 스스로 삶을 꾸려 나가기 위해 일자리를 구하려고 이곳저곳을 돌아다녔지만 매번 거절당하였다. 그것은 그렇게 놀랄 일도 아니었다. 신체장애와 언어장애가 있는 그를 반겨 줄 회사가 얼마나 있었겠는가. 그가 실의에 빠져 있을 때 어머니는 그를 위로하기보다는 상황을 명확히 말해 주었다.

"선택은 네가 하는 거야. 다시 고용지원센터에 가서 너의 취업 의지를 분명히 보여 줄 것인지, 아니면 기가 죽어서 집에 틀어박혀 있을 것인지는 네가 결정하는 거야."

그는 직접 구인 광고를 보며 일일이 전화를 걸어 취업 지원을 하였다. 그나마 자신이 가장 잘할 수 있는 것이 세일즈라고 판단하고, 마침내 방문 판매 회사인 '왓킨스'에 영업 사원으로 지원하였다. 하지만 '왓킨스'도 예외는 아니었다. 실망하여 돌아서던 빌 포터는 생각을 고쳐먹고, 다시 들어가 면접관에게 이렇게 이야기하였다.

"저를 가장 힘든 지역으로 보내 주세요. 아무도 원하지 않는 곳으로 절 보내 주세요."

드디어 포터는 천신만고 끝에 왓킨스사의 방문 판매원으로 취업하였다.

할당 받게 된 지역은 영업 사원들의 기피 대상 1호, 지갑이 얇은 서민층이 주로 사는 오리건주 포틀랜드였다. 뇌성마비 장애인인 그에게 성공을 위한 무기라고는 오직 성실함밖에 없었다. 그는 매일 아침 새벽 4시 45분에 일어나서 출근 준비를 하였고, 가가호호 방문하여 상품을 설명하였다. 하지만 고객들은 포터에게 쉽게 마음을 열지 않았다. 일그러진 얼굴과 부자연스러운 몸짓, 어눌한 말투를 보고 포터가 말을 다 하기도 전에 쫓아냈다. 심지어 그의 방문을 막아 달라며 회사 측에 항의 전화까지 하는 고객도 있었다. 정상인도 매일같이 돌아다니며 하기 힘든 방문 판매를 빌과 같은 장애인이 해내기란 쉽지 않았다. 육체적으로도, 정신적으로도 너무나 고된 일이었다.

그는 시간을 아끼기 위해 길가 벤치에 앉아 샌드위치로 점심을 때우곤 하였는데, 어머니가 직접 싸 주신 샌드위치 앞면에는 '인내(patience)'라는 단어가 케첩으로 적혀 있었고, 뒷면에는 '끝까지 인내하기(persistence)'라는 단어가 적혀 있었다. 빌은 어머니가 주시는 용기와 격려로 지치고 힘든 마음을 다시 한번 가다듬고, 묵묵히 하루에 100여 곳의 집을 방문하였다. 이렇게 하루에 8시간, 15km 이상씩 걸으며 제품을 판매하러 다녔다.

이렇게 열심히 노력하였지만 포터는 몇 달 동안 단 한 개의 제품도 팔지 못하였고, 회사는 그를 해고하려고 하였다. 단 한 번의 판매도 성사시키지 못해 포기하려던 그에게 변함없는 믿음과 응원을 보내 주는 이 또한 어머니였다.

"빌, 이제 시작이잖아. 참고 노력한다면 꼭 좋은 결과가 있을 거야."

그 이야기를 들은 포터는, '그래, 다음 집은 분명히 문을 열어 줄 거야. 그리고 내가 들고 온 상품을 구입해 주겠지, 참고 또 참자.' 이렇게 마음속으로 다짐하였다. 끝없이 거절을 당하였지만 매번 첫 번째 고객을 방문한다는 생각으로 문을 두드렸다. 거절한 집이라고 해서 결코 그냥 지나치고 건너뛰는 법은 없었다. '고객들이 말하는 "NO"는 "오지 마세요"가 아니라 더 좋은 제품을 가져오라는 의미이다. 다시 시작하자!' 스스로 주문을 외웠다. '판매처에서 쫓겨나는 이유는 내 장애 때문이 아니다. 내 부족한 설득 능력 때문이다.'라고 덤덤하게 받아들이기로 하였다. 이러한 마음으로 새로운 상품이 나올 때마다 그들을 다시 찾아갔다.

그런데 빌에게 또 다른 시련이 다가왔다. 세일즈를 시작한 지 얼마 안되어서 아버지가 세상을 떠났고, 곧이어 홀로 자신을 돌봐 주던 어머니마저 알츠하이머(치매) 증상을 보여 요양원으로 가게 되었다. 빌은 더 이상 어머니가 자신을 돌봐 줄 수 없을 거라는 생각에 혹독한 홀로서기를 하기로 마음먹었다.

늘 자신의 구두끈과 넥타이를 매어 주던 어머니가 요양원에 들어가자, 출근하기 전에 시내의 한 호텔에 들러 벨보이에게 이를 부탁하였다. 이렇게 하면서 비가 오나 눈이 오나, 혹은 몸이 아플 때에도 하루도 거르지 않고 매일 집집마다 들러 물건을 홍보하였다. 거절을 당해도 실망하지 않았다. 판매량이 많든, 아예 없든 표정 변화 없이 살았다. 빌은 '일주일 가운데 하루만 실패한 것뿐이다. 아직 나에게 5일이 더 남았다.'는 식으로 자기 주문을 걸었다.

후추, 잼, 시나몬 제품 등의 설명이 나온 식품 카탈로그를 꺼낸 후, 하나씩 식품명을 대며 빠르게 구매 의사를 물었다. 계속 "싫다"는 답변을 듣다가 "음…" 또는 "잘 모르겠다"는 대답이 나오는 순간을 절대 놓치지 않았다. "고객님, 지난번에 비누를 사셨는데, 지금 다 떨어지셨죠? 신제품인데 한번 이용해 보세요!", "100% 천연 유기농이에요. 직접 안 쓰더라도 좋은 선물이 될 겁니다."라는 식으로 고객들을 설득하였다.

이러한 그의 정성에 감동하여 포터의 제품을 사는 고객들이 하나둘 생겨나기 시작하였다. 단골들은 그를 수십 번 이상 문전박대한 사람들이었다. 매주 3~400달러의 판매고를 올린 그는, 왓킨스에 입사한 지 24년째 되던 1989년 '올해의 판매왕'에 등극하였다.

포터는 영업 사원이 되기에는 너무나 부족한 신체 조건을 가지고 있었다. 그런데도 포터가 영업을 하기로 마음먹은 것은 그래도 가장 빨리 취업할 수 있는 직종이었기 때문이다. 일단 취업을 해야 무슨 일이든 할 수 있었으므로 간절한 마음으로 취업 기회를 노렸고 간신히 직장을 얻을 수 있었다. 다른 사람에 비해 몇 배의 노력을 해도 보통 사람의 성과에 도달하기 어려웠지만, 오직 성실과 노력으로 부족을 채워 나갔다. 포터의 재능은 참고 견디며 노력하는 끈기에 있었다.

"가장 어려운 곳으로 보내 주세요."라고 하였던 그의 말에서 그가 얼마나 단단하고 강직한 마음의 소유자인지 짐작할 수 있다. 직장에서 어려운 지역이나 한직으로 밀려나게 되면, 회사를 원망하거나 자신의 불운을 한탄하며 일을 그만둘 궁리를 하는 것이 일반적이다. 그런데 포터는 가장 어려운 지역을 지원함으로써 마음의 배수진(背水陣, 강이나 바다를 등지고 치는 진. 어떤 일을 성취하기 위하여 더 이상 물러설 수 없음을 비유적으로 이르는 말)을 치고, 자신의 머릿속에서 핑계거리를 완전히 제거해 버렸다. 우리가 머릿속으로 안

되는 이유를 생각하고 힘들 수밖에 없는 까닭만을 찾는다면 누가 우리를 도와주려고 할까?

포터는 아무에게도 의지하지 않음으로써 많은 사람의 도움을 얻을 수 있었다. 절망은 순간에 잠시 머물 뿐, 영원한 것이 아니다. 괴로움과 고난은 나를 단련시켜 옥(玉)으로 만들기 위한 것이다.

2

대공황의 시기에 자신의 기록을 갈아 치운, 클레멘트 스톤

"위험이 없으면 좋은 기회는 없고, 좋은 기회가 없으면 성공을 얻기가 매우 어렵다."라는 말이 있다. 모험심과 용기로 무장하고 기꺼이 위험과 어려움에 맞서야 한다는 말이다.

뉴스를 보면 "경기가 좋지 않다, 불경기이다, 침체이다." 하는 이야기들이 자주 나온다. 이러한 이야기를 들으면 마음이 움츠러들고 위축이 되며, 미래에 대한 막연한 불안감에 휩싸인다. 일이 잘 풀리지 않으면 불경기라서 그렇다고 치부하기도 한다. 그런데 우리는 너무도 쉽게 "불황이기 때문"이라고 말을 하는 것은 아닐까? 물론 불황은 무서운 그림자이고, 현대를 살아가는 사람이라면 누구나 그것을 두려운 마음으로 바라보게 된다.

하지만 지금의 불황과는 비교할 수 없이 더욱 혹독하였던 세계 대공황 (1929~1939년까지 북아메리카와 유럽을 중심으로 전 세계 산업 지역에서 광범위하게 지속된 경기 침체) 시절, 그 공포의 그림자에 정면으로 맞서 불황 때문이 아님을 증명한 사람이 있다. 그가 바로 세일즈맨 역사에 영원히 남을 사람으로 꼽히는 클레멘트 스톤이다.

스톤은 가난한 가정에서 태어나 6살 때부터 신문팔이를 하였다. 그가 16살 때 어머니가 보험 회사 외판원으로 취직한 덕분에 방학 때 어머니를 따라 아르바이트 삼아 보험을 팔아 본 것이 계기가 되어 보험 세일즈맨이 되었다.

세월이 흘러 1920년대 말, 20대의 스톤은 이미 1천여 명의 직원을 거느린 보험 회사의 사장이 되었다. 그 후 회사는 전국에 지사를 가진 거대한 조직으로 발전하였고, 그 덕분에 그는 20대 후반에 벌써 백만장자 문턱에 들어설 수 있었다.

회사가 승승장구하던 시절, 시장에 커다란 폭풍이 몰아닥쳤다. 1929년 10월 29일에 주식 시장이 붕괴한 것이다. 그리고 상황은 점점 악화되어 갔다. 신문에는 매일 비극적인 이야기가 가득하였다. 스톤이 알고 지내던 성공한 젊은 중개인에 관한 기사도 있었는데, 그는 삶의 벼랑에서 스스로 목숨을 끊었다.

스톤과 친한 20대 후반의 한 젊은 친구가 있었다. 어느 날 스톤은 그와 즐거운 대화를 나누었고, 헤어지기 전에 10달러를 빌려 달라는 그의 말에 돈을 빌려 주었다. 그 친구는 다음 주 화요일에 그 돈을 갚겠다고 하였지만, 그 친구에게 화요일은 영원히 오지 않았다.

스톤은 큰 충격을 받았다. 그때까지 그는 아직 공황의 영향권에 들어가지 않았었다. 하지만 출중한 능력과 명민한 재주를 가진 사람들이 하나둘씩 실패의 나락에 떨어져 재기하지 못하는 모습을 보자 정신을 차려야겠다는 생각이 들었다. 무언가 경험해 보지 못한 거대한 충격이 다가오고 있음을 느낄 수 있었다.

1931년 말에는 그도 대공황의 태풍 영향권에 들어섰다. 그는 채권자들에게 괴롭힘을 당하고 있었다. 돈을 돌려받지 못할까 봐 불안한 채권자들이 상환을 요구하고 있었기 때문이다. 그는 무엇이 문제인지 생각하였다.

'내가 겪는 돈 문제의 원인은, 수천 명이 넘는 판매원들이 있지만 그들의 판매 수입이 많지 않아서 내 수입도 좋지 않기 때문이다. 중요한 것은 판매 사원의 숫자가 아니라 그들이 얼마나 많이 파느냐이다.' 이러한 결론을 내린 스톤은 자신이 직접 한번 세일즈를 해 보기로 결심하고 뉴욕으로 떠났다.

그는 평소에 '판매의 성패를 좌우하는 것은 잠재 고객의 태도가 아니라 판매원의 태도이다. 영감을 받아 고무된 판매원이 적절한 노하우와 지식을 가지고 있으면 잠재 고객이 구입하게 할 수 있다.'라는 자신의 판매 철학을 직원들에게 설파하였었다.

'판매원들은 불경기에 대해 들었을 것이다. 그리고 그들이 보고 들은 내용이 그들에게 영향을 미쳤을 것이다. 수백만의 사람들이 그러하였던 것처럼, 그들도 스스로에 대해 부정적인 마음 자세를 가지고 있는 것이다.' 여기에 생각이 미치자 스톤은 자신의 판매 철학을 스스로의 힘으로 다시 증명해 보이기로 굳게 결심하였다.

그해 여름 스톤은 버팔로, 나이아가라 폭포, 로체스터, 그리고 뉴욕주 서부의 다른 도시들에서 자신의 여태까지의 판매 기록을 갈아치웠다. 자신이 슈퍼 세일즈맨 시절에 올린 그 어떤 실적보다도 판매량이 훨씬 더 많았던 것이다. 그는 그 순간 확신을 얻었다.

'그래! 할 수 있다. 확실히 할 수 있다는 정신 자세가 중요한 거야. 불황이기 때문에 보험을 팔 수 없는 것이 아니라, 불황이기 때문에 보험을 팔 수 없다고 '생각'하기 때문에 팔지 못하는 것이다.' 그는 지역이 어디든지, 경기가 호황이거나 불황이거나 상관없이, 긍정적인 마음 자세로 적극적인 태도를 유지한다면 절대 실패하지 않는 판매 시스템을 구축할 수 있다고 확신하였다. 할 수 있다는 적극적이고 긍정적인 정신 자세가 중요하다는 것을 깨달은 스톤은, 뉴욕에서 돌아온 즉시 미국 전 지역의 지사장 앞으로 공문을 발송하였다.

"업무 성과는 시장이나 고객의 상황에 따라 좌우되는 것이 아니라, 일하는 사람의 정신 자세에 달려 있습니다. 직원들에게 긍정적이고 적극적인 정신 자세에 관하여 교육하십시오."

그러나 사장의 지시라고 해서 지사장들이 모두 따라 주지는 않았다. 오히려 그 반대였다. 그들도 대부분의 사람들처럼 불황 때문에 힘들 거라는 부정적인 마음이 무의식에 깊숙이 자리하고 있었던 것이다. 이러한 상황을 눈치챈 스톤은 지사장들에게 교육을 맡겨서는 안 되겠다고 생각하고, 자신이 직접 전 지사를 돌면서 긍정적인 태도에 관한 교육을 하기로 하였다.

그는 적극적인 정신 자세에 관하여 이야기해 주고, 자신감을 불어넣어 주고, 카운셀링을 해 주고, 직접 현장에서 훈련도 시켜 주며, 휴일도 없이

18개월 동안 전국을 돌아다녔다. 그러던 중에도 경기 불황으로 인해 직원 8백여 명이 회사를 떠났고, 남은 직원은 고작 135명에 불과하였다.

그런데 흥미로운 점은 1920년대 호황기 때 교육을 받지 않은, 즉 소극적인 정신 자세를 가지고 있던 1천여 명의 세일즈맨이 판매한 실적보다, 1930년대 공황기 때 스톤의 뜻에 공감하며 교육을 받고 적극적인 정신 자세를 갖게 된 135명이 판매한 실적이 더 많았다는 사실이다.

업무 성과는 인원수에 비례하는 것이 아니라, 일하는 사람의 마음 자세와 태도에 따라 얼마든지 좌우될 수 있다는 교훈을 보여 주는 사례이다. 공부도 마찬가지이다. 오래 하고 많이 해야 성과가 나오는 것이 아니다. 얼마나 집중하여 몰입하였느냐에 따라 학습 성취도가 달라진다. 클레멘트 스톤은 영업에 재능이 있는 사람이 분명하지만, 거기에 더하여 연구하고 개발하는 데 집중하였기 때문에 대공황의 위기를 극복하고 회사를 대기업으로 키울 수 있었다.

인간의 마음은 환경에 쉽게 흔들린다. 군센 의지도, 샘솟던 의욕도 대공황과 같은 불가항력의 상황에서는 파도에 휩쓸린 모래성처럼 흔적도 없이 사라진다. 따라서 외부 조건이 좋지 않은 상황이야말로 자신의 마음의 성을 더 굳건하게 쌓아야 할 때이다.

3

청각 장애를 이겨 낸,
블레어

연은 순풍보다는 역풍을 탔을 때 높이 올라간다. 고난과 역경이 닥쳐오면 우리의 정신은 나태에서 벗어나고, 모든 불필요한 것들을 의식에서 떨어낸다. 어떻게 해서든지 어려움에서 벗어나려고 투쟁할 때 잠들어 있던 잠재력이 깨어난다. 고난이 닥쳤을 때야말로 나를 단련할 절호의 기회가 온 것이다. 성공 철학을 집대성하기 위해 수많은 사람을 만나 성공의 원리를 깨우치고 있던 나폴레온 힐에게도 감당할 수 없는 고난이 닥쳤다. 그는 고난의 강을 만났을 때 어떻게 대처하였을까?

나폴레온 힐이 29살이였던 1912년, 청천벽력 같은 일이 벌어졌다. 그의 둘째 아들이 귀가 없이 태어난 것이다. 의사는 힐에게 아이는 평생 듣지도 말하지도 못할 것이라고 하였다. 그러나 힐은 의사의 말을 믿으려 하지 않았고, 의사의 주장에 동의하지 않을 권리가 자신에게 있다고 생각하였다.

힐은 그날 이후, 아들 블레어가 정상적으로 말하고 들을 수 있다고 믿고 그렇게 행동하였다. 자신의 아들이 정상인처럼 말하고 행동할 수 있을 것이라는 믿음이 신념처럼 마음속 깊이 자리 잡았다.

블레어가 조금 컸을 때, 힐은 아이에게 미약하지만 약간의 청력이 있다는 것을 알았다. 다른 아이들이 말을 할 무렵에 블레어는 약간의 표정 변화로 청력이 있다는 것을 짐작하게 할 뿐이었다. 하지만 그 정도면 충분하였다. 힐은 조금이라도 들을 수 있다면 그 능력은 얼마든지 키워 나갈 수 있을 것이라고 생각하였다. 그리고 그 희망의 증거를 확인할 수 있는 기회가 우연히 찾아왔다.

어느 날 그는 아이에게 줄 선물로 축음기(바늘이 회전하는 레코드의 홈을 따라갈 때 생기는 진동으로 소리를 재생시키는 장치)를 사 왔다. 가족들은 깜짝 놀랐다. 듣지도 못하는 아이에게 축음기를 선물하다니…. 그런데 블레어는 전축에 머리를 대더니 마치 소리를 듣는 것처럼 좋아하는 것이었다. 아이는 축음기 옆에서 2시간가량이나 앉아 있었다. 싫증도 내지 않았고 마치 음악이 들리는 것처럼 좋아하는 표정이었다. 힐은 아이의 이러한 행동에 큰 의미가 있다고 생각하지는 않았다. 다만 음악을 틀어 주면 아이가 그것을 즐기고 좋아하는 것을 보고 틈나는 대로 블레어에게 음악을 틀어 주었다.

몇 년 후 아이가 축음기에 싫증이 날 무렵, 힐은 중요한 발견을 하였다. 두개골에서 비스듬히 아래쪽에 있는 약간 뾰족한 뼈에 입술을 대고 말하면 블레어에게 소리가 들린다는 것을 우연히 알게 되었다. 그 후로 아이가 자유롭게 듣고 말할 수 있을 거라는 힐의 열망은 커져만 갔다.

힐은 매일 밤 아이가 잠들기 전, 그의 머리에 입술을 대고 동화책을 읽어 주기 시작하였다. 책의 내용은 기존 동화가 아니라 힐 자신이 창작한 것으로, 주인공이 자신이 가진 약점을 커다란 재능으로 바꾸고 그것이 엄청난 재산이 된다는 이야기 등이었다. 그는 동화책 읽어 주는 시간을 통해 아들의 마음속에 불타는 자립심, 강한 의지, 소망을 이루고자 하는 힘, 긍정적 상상력을 훈련시켜 나갔다. 그는 성공 철학을 연구하면서, 약점은 반드시 그에 필적할 만한 가치를 지니고 있다는 것을 분명하게 알고 있었기 때문이다. 힐은 아들에게 신념의 중요성과 자신의 약점을 강점으로 전환하는 방법에 대해 자주 이야기하였다.

"학교 선생님이 네가 귀가 없다는 것을 알면 너한테 좀 더 친절하게 대할 거야. 만약 아르바이트로 신문팔이를 한다면 네가 귀가 없는데도 열심히 일하는 모습을 보고 더 많이 사 줄 거야."

블레어는 아버지의 말을 그대로 받아들였다. 힐의 특별한 노력이 결실을 맺기 시작한 것은 블레어가 7살 되던 무렵이었다. 아버지의 이야기에 용기를 얻는 아이는 신문팔이 아르바이트를 하겠다고 졸랐다. 하지만 힐의 아내는 허락하지 않았다.

어느 날, 집에서 급한 연락이 왔다. 블레어가 행방불명되었다는 것이었다. 힐은 급히 집으로 돌아와 백방으로 아이를 찾아 나섰지만 어디에서도 아이의 모습은 보이지 않았다. 불안한 마음으로 온 시내를 헤매다 저녁 늦게 집으로 돌아온 그에게 아내는 블레어가 집에 돌아와 자고 있다고 하였다. 불안하였던 마음이 진정되고 안도의 한숨을 쉬었다. 그런데 아내는 힐에게 화를 냈다.

"이게 모두 당신 때문이에요. 당신이 늘 블레어에게 신문팔이 이야기를 했잖아요? 그래서 걔가 돈을 벌겠다고 몰래 나간 거예요. 그 아이는 정말 필사적으로 돈을 벌기 위해 노력했다고요."

마침내 아내는 눈물까지 흘리기 시작하였다. 자초지종은 이랬다. 블레어는 엄마가 신문팔이를 허락하지 않자, 집에 가정부와 자신만 남아 있을 때 부엌 창문으로 몰래 빠져나왔다. 그는 근처 구둣방에서 6센트를 빌려 신문을 구매하였다. 그리고 신문을 판 돈으로 다시 신문을 사서 또 파는 식의 장사를 저녁 무렵까지 계속한 것이다. 블레어는 빌린 6센트를 갚고 42센트를 벌었다. 그는 42센트를 꼭 쥔 채 집에 돌아왔다.

피곤에 지쳐 잠들어 있는 아들을 보고 힐은 기뻤다. 자신의 의지로 신문을 팔고 온 아들에게서 용감하고 자립심 강한 어린 사업가를 발견한 것이다. 그 경험이 블레어를 평생 용감한 사람으로 만들어 줄 것이라는 생각이 들었다.

블레어는 일반 학교에 들어갔다. 선생님이 큰 소리로 말하지 않으면 강의 내용을 전혀 듣지 못하였지만, 힐은 아이가 농아학교에 들어가는 것을 단호히 반대하였다. 이 일로 학교 당국과 마찰도 있었지만, 그는 뜻을 굽히지 않았다.

블레어가 형과 함께 일반 학교에 다닐 때의 일이다. 하루는 블레어가 시무룩한 표정으로 집에 돌아왔다. 그것을 본 어머니가 형에게 무슨 일인지 물었다.

"아이들이 블레어를 놀려요. 왜 혼자만 긴 머리를 하고 다니냐는 거죠."

블레어는 귀가 없었기 때문에 그것을 감추기 위해 긴 머리를 하고 다녔던 것이다. 아내에게 이 말을 들은 힐은 오랫동안 생각에 잠겼다. 그리고 블레어에게 말하였다.

"아이들이 머리카락이 길다고 놀린다면 짧게 자르면 돼. 너의 머리를 보여 주면 틀림없이 너를 친절하게 대해 줄 거야."

강한 의지를 가진 블레어도 이번만큼은 결단을 내리기가 쉽지 않았다. 그는 아버지의 가슴을 치며 한동안 흐느꼈다. 잠시 후 진정이 된 블레어는 머리카락을 자르기로 결심하였다. 그러고는 다음 날 당당하게 등교하였고, 아이들은 더 이상 블레어를 놀리지 않았다. 힐은 아들의 용기에 다시 한번 경탄하였다. 그리고 블레어가 정상인처럼 듣고 말할 날이 곧 오리라 굳게 믿었다.

그 당시 블레어는 전기 보청기를 사용해 보았는데 별다른 효과를 보지 못하였다. 그런데 대학을 다니면서 일생일대의 전환점을 맞이하였다.

어느 회사에서 블레어에게 보청기 신제품 샘플을 보냈는데, 이미 보청기를 사용해 본 경험이 있는 블레어는 그 제품에 관심을 기울이지 않았다. 그러다 무심코 보청기를 귀 부위에 대고 스위치를 넣는 순간 놀라운 경험을 하였다. 인생 처음으로 다른 정상인들과 똑같이 들을 수 있었던 것이다. 기쁨에 감격한 그는 어머니에게 바로 전화를 걸었다.

"어머니, 어머니 목소리를 똑똑히 알아들을 수 있어요."

지금까지 잘 들을 수 없었던 교수의 강의도 분명하게 들을 수 있었고, 친구들과도 보통 목소리로 대화할 수 있게 되었다. 블레어에게 신세계가 펼쳐졌고, 이는 나폴레온 힐의 오랜 소망이 실현되는 순간이기도 하였다.

블레어는 보청기 체험담을 자세하게 적어 보청기 회사로 보냈다. 그리고 자신과 같은 장애를 가진 사람들에게 도움을 줄 수 있는 방법을 찾고 싶었다. 그래서 2년 동안 난청자들을 위한 프로젝트를 진행하여 그 회사에 보고서를 제출하였다. 블레어가 제출한 아이디어는 곧바로 채택되었고, 그에게 적당한 직책도 부여되었다. 이후 블레어는 보청기 회사에서 수많은 사람들에게 희망을 주는 일을 하였고, 사업가로도 성장하였다. 실패와 역경에 굴하지 않고 신념으로 나아간 블레어와 힐은 기적의 주인공이 될 수 있었다.

소년 블레어는 신문팔이를 직접 시도할 정도로 사람을 대하거나 물건을 판매하는 일에 탁월한 재능을 가지고 있었다. 청각 장애가 있었지만 정상인과 동등하게 행동하려는 노력이 있었기에 장애를 뛰어넘을 수 있었던 것이다. 보청기 회사에서 보내 준 샘플을 사용하는 데 그치지 않고, 체험한 내용을 회사에 제공하는 관찰력과 사업 마인드도 가지고 있었다. 보청기 샘플을 제공 받은 장애인들은 많았지만 블레어가 했던 노력을 하지는 않았다. 블레어는 자신의 강점에 집중하고 노력을 게을리하지 않았으며, 다가온 기회를 놓치지 않았다.

하버드대 석지영 교수는 "삶에 완벽한 것은 없으며 모두가 불완전한 존재라는 사실을 받아들여야 한다. 계속 실패하고 배우며 반복적으로 기회를 얻을 수 있었던 성장 환경이 지금의 나를 만들었다."라고 하였다. 모든 실패에는 그에 상응하는 성공의 씨앗이 담겨 있다고 한다. 고난과 어려움이 닥치더라도 그 속에서 성공의 씨앗을 발견하는 사람은 이미 또 다른 빛의 길에 들어선 셈이다.

4

3일 만에 시나리오를 완성한, 실베스터 스탤론

심리학자 안젤라 리 덕워스는 "성공한 사람들의 공통된 비결은 좋은 지능이나 뛰어난 외모 같은 조건이 아니라, 고난과 어려움이 있더라도 자신이 세운 목표를 향해 오랫동안 꾸준히 노력할 수 있는 능력"이라고 하였다. 영화 〈록키〉의 탄생 이야기에도 고난 속에서 용기를 잃지 않은 한 사나이의 집념이 담겨 있다.

영화 '록키'는 영화배우 실베스터 스탤론의 히트작이자 대표작이다. 1976년 세상에 첫 선을 보인 이후 속편 시리즈로 계속 미국 영화 팬들의 사랑을 받았다. 30살까지 철저히 무명 배우였던 그는 이 영화로 단숨에 최고의 자리에 올랐다. 이 〈록키〉 주인공의 실제 모델은 1960~1970년대 헤비급 선수로 활약하였던 척 웨프너라는 선수이다.

스탤론은 웨프너의 경기에서 영감을 얻어 단숨에 〈록키〉 시나리오를 작성하였다. 인생의 전환점은 마음과 영혼을 두드리는 충격을 받고 나서 이루어지는 것이 대부분이다. 스탤론의 내면에 실패에 대한 좌절과 슬픔이 쌓이고, 더 이상 주저앉을 수 없다는 외침이 심장을 두드릴 때 웨프너의 경기가 다가왔다. 하지만 그날 웨프너는 승리하지 못하였다. 그런데도 스탤론은 그 경기를 통해 다시 일어설 용기를 얻었다. 그날 무슨 일이 있었던 것일까?

미국 뉴저지주 베이욘 출신의 웨프너는 1964년 프로 선수로 데뷔하였다. 그는 영화의 주인공처럼 기술이 세련되지 못하였고, 걸음걸이는 무거웠고, 수비도 미숙하였다. 주먹은 셌지만 그것만으로는 세계 챔피언이 되기에 부족하였다. 웨프너는 그저 무명 선수였다. 그러던 그에게 기회가 찾아왔다. 헤비급 세계 챔피언 무하마드 알리와의 대전이 성사된 것이다. 그동안의 경력으로 봤을 때 알리가 초반에 승부를 결정지을 것이라고 대부분 예상하였다. 웨프너가 중반까지만 버텨도 대단하게 평가 받을 분위기였다.

그런데 시합은 예측대로 흘러가지 않았다. 웨프너는 수많은 펀치를 허용하면서도 꿋꿋하게 버텼다. 그러다가 9라운드에 기적 같은 일이 일어났다. 알리는 가볍게 스텝을 밟으면서 링사이드를 시계 방향으로 돌았다. 그때 웨프너가 왼손 잽을 두 번 날리더니 오른손으로 알리의 옆구리에 훅을 넣었다. 알리는 뒤로 쓰러지며 엉덩방아를 찧었다. 예상대로 경기가 풀리지 않자 알리도 당황하였다. 웨프너는 알리를 상대로 대등한 경기를 펼쳤다. 쉽게 승부가 나지 않았다. 마지막 15라운드 종료 19초가 남은 상황에서 심판은 알리의 TKO승을 선언하였다. 웨프너의 코뼈는 부러져 있었고, 두 눈가는 찢어져 피가 흐르고 있었다. 이날 무명배우 스탤론은 우연히 이 경기를 보게 되었고, 웨프너의 모습에서 자신을 발견하였다. 비록 웨프너는 패하였지만 KO만은 당하지 않겠다는 그의 강한 의지는 깊은 인상을 남겼다.

스탤론은 1946년 뉴욕의 헬스 키친이라는 빈민가에서 태어났다. 어릴 적 그는 의사의 실수로 왼쪽 눈 아래가 마비되는 사고를 당하였다. 이로 인해 왼쪽 뺨과 입술을 정상적으로 움직일 수가 없었고, 치명적인 발음 장애까지 갖게 되었다. 어눌한 말투와 이상한 생김새 때문에 학교에서 왕따를 당하였고, 학교를 12번이나 옮기는 등 학창 시절은 불행으로 얼룩졌다. 9살 때 부모님의 이혼은 그를 더욱 궁지로 몰아넣었다.

스탤론에게는 꿈이 있었다. 영화배우가 되겠다는 꿈. 그러나 보잘것없는 그에게 돌아오는 배역은 별로 없었다. 수많은 단역을 전전하며, 배우로는 먹고살기 힘들었기 때문에 닥치는 대로 일을 하였다. 나이트클럽 문지기, 피자 배달부, 영화관 안내인, 경비원, 식당 종업원, 동물원 잡역부, 보디가드 등 할 수 있는 일은 모두 마다하지 않았다. 그러면서도 영화에 대한 꿈을 포기하지 않고 독학으로 시나리오를 공부하였다.

생활은 좀처럼 나아지지 않았다. 무언가 변화가 필요하였다. 통장 잔고는 바닥나고 임신한 아내의 출산이 가까워지고 있었다. 기르던 개까지 팔아버렸다. 32번째 시나리오는 제작사로부터 거절 당하였고, 스탤론은 더 이상 물러설 곳이 없었다.

1975년 3월 어느 날 스탤론은 집을 나와 거리를 방황하고 있었다. 그러다 우연히 무하마드 알리와 무명의 복서 척 웨프너의 복싱 경기를 보고, 그는 마음을 다잡았다. 집으로 돌아온 그는 한 달 동안 두문불출하며 시나리오만 생각하였다. 집필을 시작한 지 3일 만에 시나리오를 완성하였다. 스탤론은 시나리오를 들고 제작자를 찾아 나섰다.

"이 대본을 사용해 주시고, 저를 주연으로 써 주십시오!"

그의 허무맹랑한 제안에 대부분의 제작자는 고개를 저었다. 얼마 뒤 제작자 어윈 윙클러가 배우 오디션을 진행하는 자리에 스탤론이 참가하였다. 결과는 이번에도 마찬가지였다. 힘없이 돌아서던 그는 용기를 내서 윙클러에게 말하였다.

"제가 쓴 시나리오 중에 복싱 선수에 관한 이야기가 있는데 한번 봐 주시겠어요?"

"그래, 한번 봅시다."

시나리오를 본 윙클러는 이야기가 무척 마음에 들었다. 그는 스탤론에게 시나리오를 36만 달러에 넘길 것을 제안하였다. 집 월세도 밀리고 갚아야 하는 빚까지 있었지만, 그는 스스로 주연과 감독을 맡겠다는 고집을 꺾지 않았다. 하지만 아무리 시나리오가 좋아도 그에게 감독까지 맡길 수는 없었다.

"좋습니다. 감독은 다른 사람에게 맡기고 저는 주연을 맡겠습니다. 제 출연료는 필요 없습니다. 이건 '내 이야기(my story)'라서 제가 가장 잘 표현할 수 있습니다. 대신 성공하면 흥행 수입의 10%를 주십시오."

계약은 성사되었고 영화는 불과 28일 만에 만들어졌다. 제작비가 100만 달러인 초저예산 영화였다. 그렇게 만들어졌지만 개봉 후 관객들의 반응은 폭발적이었다. 관객들은 우레와 같은 기립 박수를 보냈고, 극장 안은 감동으로 가득찼다.

영화는 1976년 미국 최고의 흥행 기록을 세웠고, 그해 미국에서만 제작비의 50배가 넘는 5600만 달러를 벌어 들였다. 1977년 제49회 아카데미 시상식에서 작품상, 감독상, 편집상을 수상하며 스탤론은 할리우드 최고의 배우가 되었다.

만약 스탤론이 그때 록키 역을 맡지 못했다면, 시나리오를 팔아 넘기고 영화에서 손을 뗐다면, 관객들은 영화 〈록키〉의 감동을 함께하지 못했을 것이다. 스탤론은 완벽하게 몰입하여 3일 만에 33번째 시나리오를 완성하였다. 그가 시나리오를 쓰는 재능이 별로 없었다면 그 시나리오는 채택되지 못하였을 것이다. 그런데 그 전까지의 시나리오들은 무언가 부족한 점이 있어서 계속 거절을 당하였다. 하지만 포기하지 않고 시나리오를 계속 썼기 때문에 그동안에 재능이 더 계발된 것이다. 32번의 실패와 그간의 노력이 없었다면 33번째 시나리오도 탄생할 수 없었다. 아무리 재능을 타고 났어도 간절한 마음과 반복된 노력이 있어야만 그것이 빛을 발하게 된다.

5

최악의 현실에서도 희망을 찾은, 크리스 가드너

모두에게 버림받았다는 생각이 들 때, 삶의 막다른 골목에서 갈 곳을 잃었을 때, 세상에 꺾여 주저앉아 포기하고 싶을 때, 우리는 과연 다시 일어나 과거의 나와 결별하고 보란 듯이 앞을 향해 나아갈 수 있을까?

어느 날 갑자기 감당하기 힘든 고통을 만났을 때 그 고난의 함정에서 힘껏 빠져나오려고 하지만, 그럴수록 더 깊은 수렁에 빠지는 경험을 할 때가 있다. 어떻게 하면 지혜롭게 땅을 딛고 앞으로 걸어갈 수 있을까?

아들과 함께 삶의 가장 밑바닥에서 헤매다 결국 그곳을 탈출하여 승리의 역사를 썼던 크리스 가드너의 스토리는, 우리에게 어떤 경우에도 포기하지 말라고, 포기는 자신에 대한 가장 강력한 배신이라는 간절한 메아리가 되어 가슴을 울린다.

더 이상 갈 곳이 없었다. 공중화장실 문을 잠그고 아들과 그날 밤을 보내고 있던 크리스 가드너는 눈물을 주체할 수 없었다. 세상에! 자신은 그렇다 치더라도 아들을 공중화장실에서 재우다니… 내일은 또 어디서 밤을 보내야 할지 알 수가 없었다. 그가 생각하였던 미래에 이러한 모습은 없었다. 어디서부터 잘못된 것일까?

자신에게 행복한 날이 있었나 돌이켜 보니 그런 날은 없었던 것 같았다. 8살 때 집에 불을 지르지 않았다면 어땠을까 하는 생각이 들었다. 그의 양아버지는 폭력을 일삼았고, 집에는 항상 우울한 기운이 감돌았다. 엄마는 매일 폭력에 시달려야 했고, 자신은 물론 세 누이도 맞는 날이 많았다. 그날 크리스는 격분하여 도저히 참을 수가 없었다. 급기야 집에 불을 지르고 말았다. 결국 다른 집으로 입양이 되었고, 여러 집을 전전하며 살았다.

열심히 공부한 덕에 고등학교는 우수한 성적으로 졸업할 수 있었다. 그렇지만 딱 거기까지였다. 대학을 꿈꾸는 것은 그에게 사치였다. 그에게 도움을 줄 사람은 없었으며, 가난과 외로움이 그와 친구처럼 동행하였다. '행복은 나와는 거리가 먼 이야기군.' 이렇게 마음속으로 말하곤 하였다. 하지만 그럴수록 나도 행복해질 권리가 있다고, 마음 한편에서 반대의 목소리가 들렸다. 행복을 찾고 싶었다.

군대를 제대한 뒤 샌프란시스코 종합 병원에서 의료기 세일즈맨으로 일하였다. 경제적 안정이 시급하였지만 한물간 의료기는 좀처럼 팔리지 않았다. 행복한 가정생활을 꿈꾸며 결혼하였지만 가난은 그것을 방해하였다. 뒤죽박죽이었다. 도대체 어떻게 이 엉킨 실타래를 풀어 갈 수 있을지 엄두가 나지 않았다.

마지막 순간까지 패배자로 남을 수는 없었다. "넌 할 수 없어. 넌 실패자야."라고 말하는 것을 그 누구에게도 허락하고 싶지 않았다. 자신 말고는 그러한 말을 할 자격을 가진 사람은 아무도 없다고 스스로에게 말하였다. 하지만 그렇게 다짐할수록 현실은 그를 더 깊은 구석으로 몰아붙였다. 마치 빨리 무릎 꿇고 항복하라고 호통치는 것 같았다.

그러던 어느 날 주차장에서 빨간색 페라리에서 내리는 말쑥한 신사를 보았다. 크리스는 다가가서 물었다.

"어떤 일을 하시는지 알 수 있을까요? 그리고 그 일을 하려면 무엇을 준비해야 하나요?"

"나는 주식 중개업을 하고 있습니다. 숫자 계산을 잘하고 사람 만나는 것을 좋아한다면 열심히 노력해 보세요. 당신도 나처럼 성공할 수 있을 겁니다."

'그래, 주식 중개업을 해야겠어!' 분명한 목표가 생겼다. 의료기 판매를 그만두고 주식 중개 회사에 취직하였다. 그러나 다음날 그는 학력을 이유로 해고당하고 말았다. 운명의 신이 자신을 비웃는 것 같았다.

다시 딘 위터사의 인턴십 프로그램에 지원해서 합격하였지만, 쥐꼬리만한 인턴 비용으로는 생활을 유지할 수 없었다. 월세를 내지 못해 집에서 쫓겨났다. 짐을 싸서 모텔로 거처를 옮겼지만 그마저 숙박비를 내지 못해 가방 하나와 양복 한 벌만 가지고 쫓겨났다. 갈 곳이 없어서 지하철역 공용 화장실에서 바닥에 종이를 깔고 아들과 함께 문을 잠그고 잤다.

주차장에 세워 둔 차의 주차비도 내지 못하였다. 당장 먹을 것을 해결하지도 못하고 있는데 주차비를 어떻게 해결할 수 있겠는가. 결국 그는 구치소에 수감되었다. 밖에 있는 아들이 걱정이었다. 구치소에서 나와 보니 아내가 아이를 데려갔다. 아이는 모든 삶의 버팀목이자, 살아갈 이유였다. 크리스는 아내를 찾아가 아이를 데려왔다. '함께 이 모든 어려움을 헤쳐 나가리라. 네가 있는 한 아빠는 꼭 다시 일어서고 말 거야.' 고난이 그를 누를수록 살아야겠다는 용기가 용수철처럼 튀어 올랐다.

쉼터에서 제공하는 수프로 끼니를 때우고 공중화장실에서 세면하기를 여러 달. 크리스는 동료들에게는 전혀 내색하지 않고, 아들을 재운 후 밤을 새워 주식 공부를 하였다. 가끔 누군가 화장실 문을 두드릴 때면 두려움이 엄습하였다. 더 이상 자신과 아이를 막다른 골목으로 몰지 않기를 기도하였다. 이렇게 열악한 환경이었지만 아무리 힘들어도 하루 200명의 고객과 통화한다는 자신과의 약속을 지켰다. 그런데 조용히 그를 지켜보던 사람이 있었다.

"내가 그동안 당신을 쭉 지켜봤는데 참 성실하더군요. 우리 회사에 와서 한번 일해 보지 않겠소?"

마침내 그의 기나긴 고난이 마침표를 찍는 순간이었다. 크리스는 당시 월 스트리트에서 가장 성공적인 투자사였던 '베어 스턴스'에서 일하게 되었다. 이를 바탕으로 각고의 노력 끝에 결국 자신의 이름을 내건 투자 회사를 설립할 정도의 백만장자 재산가가 되었다. 그는 수많은 자선 단체에 고액 헌금을 내어 자신처럼 어려움에 처한 사람들을 도왔다.

최악의 현실에서도 희망을 찾는 크리스의 긍정적인 사고방식은 시작이

두려운 사람들에게 큰 영감을 준다. 인생이라는 마라톤에서 중간에 실패하고 포기하는 경우가 많이 있지만, 실패는 일시적 패배일 뿐 영원한 실패가 아니라는 것을 기억해야 한다.

의료기를 파는 동안 크리스가 성과를 내기 어려웠던 것은 그 일이 그에게 맞지 않기 때문이다. 주식 중개업에 관해 소개를 받았을 때 그는 그 일에 관심을 보였고, 직접 해 보니 재미와 흥미를 느꼈다. 그래서 어려움 속에서도 계속할 수 있었던 것이다. 자신에게 재능이 있는 일을 하더라도 노력하지 않으면 최고의 실력을 가질 수 없다. 힘든 상황에서도 꿋꿋하게 성실하게 일하자 큰 회사로부터 스카웃 제안이 들어온 것처럼, 노력은 재능을 키우고 완성하는 마중물이다.

6

가장 큰 실패의 순간에
소중한 가르침을 얻은, 스티브 잡스

모든 성공 스토리는 실패 스토리이기도 하다. 처음부터 성공의 고속도로를 달린 사람은 없다. 실패의 단비를 맞고서야 성공의 싹을 틔운 경우가 무수히 많다. 실패는 말없이 다가와 아무런 설명도 없이 무자비하게 일격을 가하곤 한다. 그렇게 쓰러진 사람은 그것이 어떤 의미인지 파악하지도 못한 채 좌절의 늪에서 허우적거리게 된다. 하지만 실패를 일시적 좌절로 받아들이는 사람은 거기서 교훈을 얻고 지혜가 열린다. 스티브 잡스도 그러하였다.

20살 때 부모님의 차고에서 친구와 둘이서 창업한 잡스는, 10년 후 4,000명의 직원을 거느린 200억 달러의 기업으로 애플을 성장시켰다. 최고의 작품인 매킨토시도 출시하였다. 큰 부와 성공이 그 앞에 다가오고 있었다. 무지개의 맨 꼭대기에 오르려는 시점에 운명의 신은 그에게 방망이를 힘껏 휘둘렀다. 이사회에서 그를 해고한 것이다. 본인이 창업한 회사에서 해고를 당하다니, 누구도 예상할 수 없는 일이었다. 잡스는 깊은 슬픔에 빠졌다. 그리고 그동안 자신이 인식하지 못하였던 그의 문제들이 드러났다.

당시 그는 오만과 독선으로 가득 차 사람들로부터 독재자라는 비난을 들었다. 제품 이름에서 포장 박스까지 모든 것을 자신이 결정하였다. 목표 달성에만 관심이 있었을 뿐 다른 사람은 안중에도 없었다. 마음에 들지 않는 사람은 즉흥적으로 해고하였다. 일은 너무 커져 있었고 애플의 발전을 위해 그는 회사를 떠나야만 하였다. 잡스는 한동안 충격에서 헤어나지 못하고, 혼자만의 시간을 가졌다.

그러면서 잡스는 한 가지 사실을 깨달았다. 그것은 그가 여전히 자신의 일을 사랑한다는 것이었다. 그래서 다시 시작하기로 마음먹었다. 애플에서는 큰 성공에 대한 중압감이 있었는데, 다시 초심으로 돌아가니 그러한 압박에서 벗어날 수 있었다. 그러자 중압감에 짓눌려 있던 그의 창의성이 깨어나기 시작하였다. 이 체험은 잡스에게 많은 영감을 주었다. 이 시기에 그는 '넥스트'와 '픽사'라는 회사를 시작하였으며, 이후 픽사는 세계 최고의 애니메이션 제작사가 되었다. 그리고 애플이 넥스트를 인수함으로써 그는 애플에 복귀할 수 있었다.

애플로 돌아온 잡스는 예전의 실패를 거울삼아 독선적인 태도를 버렸다. 애플을 떠나 픽사와 넥스트를 운영하면서 깨달은 것이 있었다. 사업은 한 사람이 끌고 가는 것이 아니라, 팀원 각자가 자신의 역량을 힘껏 발휘하여 서로 한마음이 되었을 때 굴러간다는 사실이었다. 그는 열정이 바닥난 직원들의 사기를 충전시키기 위해 노력하였다. 모든 혁신의 중심을 고객과 디자인에 두었으며, 자신이 모든 결정을 하였던 예전과는 달리 전문가에게 디자인 개발의 전폭적인 재량권을 부여하였다. 폐쇄주의를 버리고 디즈니, MS, IBM, 소니 등과 긴밀한 협력 관계를 구축하였다. 이러한 노력의 결과 애플은 스티브 잡스의 복귀 1년 만에 속이 보이는 아이맥 PC를 출시하여 선풍적인 인기를 끌었으며, 10억 달러 적자를 1년만에 4억 달러 흑자로 전환시키는 신화를 쓰게 되었다.

잡스는 애플에서 해고된 가장 큰 실패의 순간이 매우 소중한 가르침을 얻은 시간이었다고 회고하였다. 실패는 그 사람의 부족한 부분과 올바르지 못한 방향을 알려 주는 청신호이다. 예로부터 실패와 실수의 가치를 아는 것은 인간을 인간답게 만들어 주는 필수 덕목이자, 존재를 성장시키는 밑거름이 되어 왔다. 뛰어난 사람들은 언제나 실패와 매우 가까운 친구 사이였다.

잡스는 창의와 혁신의 아이콘이다. 그런데 그는 예민하고 까칠하며 실수를 용납하지 못하는 성격이었다. 그의 그러한 성격이 창의성을 깨우는 데 도움이 되었지만, 더 크게 성장하는 데는 방해가 되고 있었다. 그의 창의성은 누구도 따라잡을 수 없을 만큼 독보적이었지만, 창의성을 만들어 준 성격이 도리어 걸림돌이 된 것이다. 잡스는 애플에서 해고된 후 그 점을 깨달았고, 그것을 고치기 위해 노력하였다. 독선적인 태도를 버리고 직원들과 화합하기 위해 애쓰자 애플의 창의 유전자도 다시 깨어났다.

중국 항저우의 평범한 가정에서 태어난 마윈(馬雲)은 작고 왜소한 체구를 타고났다. 하지만 어디 가서도 기죽지 않았고, 오히려 주먹을 휘두르며 싸움을 일삼았다. 워낙 말썽을 일으켜서 그의 아버지가 아들의 초등학교를 세 번이나 옮겼을 정도이다. 그런데 그가 유독 잘하는 것이 있었으니 바로 영어였다. 중학교 때부터 영어 공부를 시작한 그는 매일같이 시후(西湖)에 놀러가, 그곳에 온 외국인 관광객과 영어로 이야기 나누는 것을 즐겼다.

마윈은 어렸을 때부터 거절과 실패에 익숙한 삶을 살았다. 초등학교 시험에 두 번 낙제하고, 중학교 시험에도 세 번 낙제하였다. 고등학교를 졸업하였지만 대학 입시에 실패하고, 곧바로 취업을 시작하였다. 수십여 기업에 이력서를 냈지만 전부 낙방의 고배를 마셨다. 경찰에 지원하였을 때는 다섯 친구가 함께 면접을 보았는데, 다른 친구들은 다 붙고 혼자만 떨어졌다. 또 사촌 동생과 함께 호텔 종업원에 지원하였으나 사촌 동생만 합격하고 불합격하였다. KFC 직원에 지원하였을 때는 24명의 면접자 중 23명이 합격하였고 유일하게 떨어졌다. 왜소한 키와 호감을 주지 않는 외모 때문에 다른 사람들은 쉽게 들어갈 수 있는 취업의 관문을 통과하지 못하였다. 하지만 마윈은 자신의 부족한 외모를 탓하거나 자포자기하지 않았다.

그 후 몇몇 직종을 전전하면서 다시 대학 입시에 도전하였는데, 수학 때문에 떨어졌다. 첫 번째 대입 시험에서 받은 수학 성적은 1점(150점 만점), 두 번째는 19점이었다. 세 번째 대학 입시에서는 운 좋게 항저우 사범 대학 영문과에 정원 미달로 들어가게 되었다.

대학에 들어간 그는 자신이 잘하는 영어에 몰두하였고 우수한 성적을 거둘 수 있었다. 영어에 자신감이 생기자 좀 더 넓은 세상에 나가서 공부하고 싶었다. 그래서 하버드에 들어가기로 마음먹고 지원서를 냈다. 결과는 탈락. 그렇게 10번을 시도하였지만 하버드의 문턱을 넘을 수는 없었다.

그러다 기회가 왔다. 미국과의 법적인 문제를 통역할 사람으로 마윈이 선택 받은 것이다. 미국에 간 그는 거기서 인터넷을 접하고 충격을 받았다. 돌아가서 인터넷 관련 사업을 하리라 결심하였다. 중국으로 돌아온 그는 친구와 지인을 불러 놓고 자신의 사업 구상을 밝히고 어떻게 생각하는지 물었다. 한 명 빼고 모두 반대 의사를 표하였다.

그렇지만 마윈은 자신의 판단을 믿었다. 결국 인터넷 기업을 창업하였으나, 실패를 경험하게 되었다. 당시 돈을 따져 보면 상당한 실패였으나, 대신 14개월 치 경험을 얻었다. 중소기업을 위한 전자 상거래 모델에 대한 마윈의 구상이 바로 이 시기에 나온 것이다. 이듬해 전자 상거래 기업인 알리바바를 창업하였다. 창업 후에는 실리콘 밸리에 투자자를 수소문하였지만, 투자하겠다고 나서는 사람이 아무도 없었다. 빚을 얻어 인건비를 주어야할 지경에 이르렀고, 마윈은 파산 위기에까지 몰렸다. 그러다 소프트뱅크 손정의 회장의 거액 투자로 다시 일어설 수 있었다.

한 번의 실패로도 움츠러드는 것이 사람의 마음이다. 하지만 마윈은 실패할 때마다 무엇이 잘못되었는지 돌아보라고 충고하였다. 자신을 되돌아보며 '그래, 내가 여기서 잘못했어.' '그래, 그때 이걸 잘못했어.'라고 할 수 있는 사람에게는 희망이 있다는 것이다.

마윈은 자신이 좋아하는 영어 공부에 매진하였다. 영어로 말하는 것을 즐겼기 때문에 관광객을 만나기 위해 늘 시후(西湖)에 갔다. 결국 영문과에 진학하였고 그 영어 덕분에 통역 업무를 맡았으며, 인터넷을 만날 수 있었다. 자신이 좋아하고 재미있는 일에서 탁월한 성과를 얻을 수 있도록 노력해야 또 다른 기회를 얻을 수 있다.

또 한 가지 주목할 것은 마윈이 전자 상거래 업체를 창업하였지만, 그는 컴퓨터에 관해서는 문외한이었다는 사실이다. 그 대신 관련 업무는 다른 사람에게 맡겼다. 자신이 컴맹(computer盲, 컴퓨터를 다룰 줄 모름. 또는 그런 사람)이었기 때문에 자신 같은 사람도 쉽게 온라인 쇼핑을 할 수 있는 프로그램을 만들 수 있었던 것이다. 마윈은 자신의 강점과 약점을 파악하여 강점은 살리고 약점은 보완하여 자신의 꿈과 비전을 이루는 데 온 마음을 다하였다.

흥미·적성이 없어도 성공할 수 있을까?

빌 포터는 뇌성마비의 몸으로 영업직에 도전하여 판매왕까지 올랐습니다. 빌 포터는 신체적 약점 때문에 변변한 직업을 구하기 힘들어서 진입 문턱이 낮은 영업직에 도전한 것입니다. 그의 직업 선택은 적성이나 흥미를 고려한 것이 아니고, 어쩔 수 없는 선택이었습니다. 그의 이야기를 통해 흥미·적성을 고려하지 않고도 직업을 선택할 수 있으며, 그렇게 해서 큰 성공을 거둘 수 있다는 것을 알 수 있습니다.

흥미·적성을 고려하지 않고 직업을 선택하였는데도 빌 포터가 성공할 수 있었던 이유는 무엇일까요? 그와 유사한 사례를 알고 있다면 적어 주세요.

흥미·적성을 고려하지 않고 직업을 선택하였는데도 빌 포터가 성공할 수 있었던 이유는?	① ② ③ ④ ⑤
흥미·적성을 고려하지 않고 직업을 선택했는데도 성공한 사례	예 나의 아버지 – 고등학교 졸업 후 우연한 기회에 중국음식점에 취직하였다. 거기서 배달일을 하다 요리에 관심을 갖게 되어 노력한 결과 주방장이 되었고, 현재 중국음식점 2개를 운영 중이다. ① ② ③

위기를 기회로 만들기

클레멘트 스톤은 세계 대공황의 위기에서 오히려 더 많은 성장을 하였습니다. 그가 주목한 것은 '생각과 태도'였습니다. 대공황이니 무엇을 해도 성과가 나지 않는다는 '생각'이 문제라는 것이었습니다. 아무리 위기 상황이라도 다른 기회가 있다는 관점으로 접근하면, 모든 문제에는 기회의 씨앗이 있다는 것을 알 수 있습니다.

환경이 어려우면 사람은 자연스레 위축되기 마련입니다. 위축되면 창의적 생각이나 열정이 사라지게 됩니다. 따라서 상황을 긍정적으로 바라보고 기회를 찾는 태도가 중요합니다. 지금 나의 어려움이나 불리한 상황은 무엇이며, 어떻게 하면 그것을 기회로 만들 수 있을까요?

지금 나의 어려움이나 불리한 상황은 무엇이며, 어떻게 하면 그것을 기회로 만들 수 있을까요?

예 아버지의 사업 실패로 경제적으로 궁핍한 상황이다. 학원이나 과외를 할 수 없기 때문에 자기주도학습을 하는 기회로 삼겠다. 우선 예습과 복습을 충실히 하고 내 공부 시간을 늘려갈 것이다.

①

②

③

약점을 강점으로 전환하기

　나폴레온 힐의 아들 블레어는 청각 장애인으로 태어나 소리를 들을 수 없었습니다. 하지만 아버지와 블레어의 노력과 기술의 발달 덕분에 정상인에 가까운 청력을 회복할 수 있었습니다. 그리고 보청기 회사에 자신의 이용 후기를 보내 제품의 보완점을 건의하였고, 취직까지 할 수 있었습니다. 블레어는 자신의 신체 단점을 잘 극복하고 그것을 활용하여 취업까지 하였습니다. 진로를 생각할 때 나의 강점만 볼 것이 아니라, 약점도 얼마든지 강점으로 전환할 수 있음을 알 수 있습니다. 나의 강점과 약점을 알아보고, 약점을 강점으로 전환할 수 있는 길을 찾아 보세요.

나의 강점	예 힘이 세다. 키가 크다. 일할 때 추진력이 좋다. 활동적이고 쾌활하다. ① ② ③
나의 약점	예 달리기를 잘하지 못한다. 시력이 좋지 않다. 일할 때 빈틈이 많아서 실수가 잦다. 잠시도 가만히 있지 못하고 움직이며 활동을 해야 한다. ① ② ③
나의 약점을 강점으로 잘 활용하려면?	예 잠시도 가만있지 못하기 때문에 새로운 사람을 만나고 새로운 것을 기획하는 일을 하는 것이 좋다. 또 추진력이 좋기 때문에 새로운 것을 시작하기에 적합하다. ① ② ③

나에게 힘을 준 것들

스탤론은 웨프너의 경기 모습에서 자기 자신을 발견하고 영감을 얻어 영화 〈록키〉 시나리오를 썼습니다. 아무리 어려운 환경에 처했더라도 용기를 얻고 마음을 채우는 기회를 얻는다면, 어려움을 이겨 내고 새로운 길을 찾을 수 있습니다. 나에게 힘이 되거나 용기를 주었던 인물이나, 영화, 음악, 책 등이 있다면 무엇인가요?

나에게 힘이 되거나 용기를 주었던 인물이나, 영화, 음악, 책 등이 있다면 무엇인가요?

예 인물 – 중학교 2학년 때 담임 선생님. 성적이 떨어져 방황할 때 "최선을 다했다면 그것으로 된 거다. 결과에 너무 연연하지 마라. 기회는 또 있다."라고 말씀해 주셔서 다시 일어설 수 있었다.

①

②

③

④

⑤

기회를 만드는 중요한 열쇠

크리스는 정말 열악한 환경에서 아무리 힘들어도 하루 200명의 고객과 통화한다는 자신과의 약속을 지켰습니다. 그러한 그의 성실함을 지켜보던 투자회사에서 그를 스카웃 하였습니다. 이를 통해 어떤 일을 하든 '성실함'은 기회를 만드는 중요한 열쇠라는 것을 알 수 있습니다. 지금 나는 '성실함'이라는 중요한 무기를 잘 만들고 다듬고 있습니까? 성실함을 키우기 위해 나는 무엇을 해야 할까요?

성실함을 키우기 위해 내가 노력하고 있거나 앞으로 할 일

예 숙제는 하루 전날 확실하게 끝낼 수 있도록 노력하고 있다. 급하게 숙제를 하는 일이 없어, 숙제하면서 공부 효과를 높일 수 있다.

예 밤 늦게 자면 다음 날 집중력이 떨어지고 수업 시간에 졸립다. 그러므로 11시 50분 전에는 불을 끄고 무조건 잠자리에 들겠다.

①

②

③

④

⑤

탁월함을 갖추려면?

마윈은 수학은 낙제 수준이었지만 영어를 좋아하였고, 영어로 외국인과 대화하는 것을 즐겼습니다. 영문과에 진학하여 영어 통역을 하다가 인터넷을 만나 새로운 창업을 결심하게 되었습니다. 자신이 좋아하고 재미있는 과목을 열심히 하면 그 분야에서 탁월한 실력을 갖추게 되고, 또 다른 기회도 만날 수 있습니다.

자신이 좋아하는 과목은 무엇이며, 탁월함을 갖추기 위해 어떤 활동과 노력을 하고 있나요? (또는 할 계획입니까?)

재미있고 좋아하는 과목	탁월함을 갖추기 위해 하는 활동과 노력 (계획)
예 역사	**예** 역사 동아리 활동 및 발해사에 특히 관심을 가지고, 관련 책과 자료를 모으며 정리하고 있다. ① ② ③ ④ ⑤

PART 06

자기경영

—

나를
조절하는 힘

1

'시간 통계 노트'를 작성한, 류비셰프

하버드대 MBA 수업에서 신입생에게 가장 먼저 가르치는 것이 '시간 관리'라고 한다. 영국의 정치가이자 외교관이며 문필가인 필립 체스터필드는 "내가 오직 한 가지를 후회하고 있고 앞으로도 후회하리라 생각되는 것은, 젊었을 때 나태하게 지내 버린 시간이다."라고 하였다. 시간은 공기와 같이 손에 잡히지도 않고 눈에 보이지도 않으니 방심하였다가는 쉽게 놓치고 만다. 시간을 잘 써야 한다는 것은 알지만 어떻게 해야 제대로 쓸 수 있는지 그 방법을 아는 이는 많지 않다. 시간을 효과적으로 잘 사용해 '시간을 정복한 남자'로 평가 받는 사람이 있다.

소련(蘇聯, USSR)의 과학자 류비셰프는 철저한 시간 관리로 70여 권의 학술 서적과 1만 2천 5백여 장에 이르는 연구 논문, 수천 권의 소책자들을 남겼다. 류비셰프는 1955년 한 해 동안 곤충 표본을 약 35상자 만들었다. 표본으로 만든 곤충은 1만 3천 마리나 되었다. 그중에서 약 5천 마리는 내부 기관을 해부하여 300여 가지의 박편 표본으로 만들었다. 수많은 곤충을 모조리 분류하고 해부하여 표본을 만든 후 이름과 설명까지 붙인 것이다. 그가 수집한 자료는 러시아 동물연구소가 소장하고 있는 자료에 비해 여섯 배나 많았다.

류비셰프는 곤충분류학자, 유전학자, 동물학자였다. 때로는 철학자, 역사학자가 되기도 하였다. 그는 한 분야의 전문가로 규정하기 어려운 사람이었다. 또 학문적 업적을 제외하고라도 여든두 해를 매우 독특한 방식으로 살았는데, 그것은 바로 '시간'을 대하는 그의 태도였다. 그는 자신에게 주어진 1분 1초에 의미를 부여하였다. 시간을 아끼고 사랑하였으며, 시간 앞에 경건하였다. 류비셰프는 시간을 쪼개 쓰는 기술과 시간을 사랑하는 방식에 줄기차게 매달렸다. 그는 시간을 손에 보이지 않고 느낄 수 없는 그 무엇이 아니라, 째깍이는 시계 초침의 존재 반응처럼 감지할 수 있는 물리적 대상으로 여겼다.

이러한 인식을 바탕으로 그는 일기 형식의 '시간 통계 노트'를 작성하였다. 1916년 당시 26살의 나이로 시작한 이 일을, 그는 56년간 하루도 빼먹지 않았다. 볼셰비키 혁명이 일어났던 날에도, 전쟁 기간에도, 병원에 입원하였을 때에도, 답사 현장에서나 기차에서도, 심지어 사랑하는 아들의 전사 소식을 들었던 날에도 일기를 썼다. 기록 형식은 간단하였다.

✔️ 1964년 4월 7일, 울리야노프스크

- 곤충분류학 : 알 수 없는 곤충 그림을 두 점 그림 - 3시간 15분

- 어떤 곤충인지 조사함 - 20분(1.0)

- 추가 업무 : 슬라바에게 편지 - 2시간 45분(0.5)

- 사교 업무 : 식물보호단체 회의 - 2시간 25분

- 휴식 : 이고르에게 편지 - 10분

- 울리야노프스카야 프라우다 지誌 - 10분

- 톨스토이의 《세바스톨 이야기》 - 1시간 25분

- 기본업무 - 6시간 20분

이런 식으로 하루 동안 한 일을 간단하게 나열하고 시간과 분을 계산한 후, 다시 옆에 알 수 없는 숫자를 적어 두었다. 그는 사무적이고 지루한 대여섯 줄의 기록을 매일 써 나갔다. 곤충 연구에 대해 언급하지 않은 날에는 그 대신 《문화사에서 나타난 데모크리토스와 플라톤 유파들》, 《신화의 발달》, 혹은 《응용생물학의 통계 방법론》 등의 책을 집필하는 몇 달에 걸친 과정들을 기록하였다.

그는 회계 장부를 기록하듯 나름의 방식으로 시간을 계산하였다. 또한 매월 말마다 합계를 내고 그래프나 표도 만들었다. 연말에는 월말 합계를 바탕으로 연간 총계를 계산하였고 결산표도 만들었다. 그리고 5년씩 통계를 작성하여, 얼마나 시간을 효율성 있게 사용하였는지 스스로를 감독해 나갔다. 이러한 그의 모습을 상상하다 보면 강박관념에 빠져 심한 결벽증을 앓고 있는 사람이 생각날 법도 하다. '그렇게 사는 것이 과연 행복할

까?' 하는 의문도 들 것이다.

하지만 그렇다고 해서 그가 시간에 쫓기며 여유 있는 생활을 하지 못한 것은 아니다. 매일 운동과 산책을 즐기고, 한 해 평균 60여 차례의 공연을 보며 문화 생활을 하고, 지인들에게 안부를 묻고, 편지 쓰기를 즐겼으며, 수면 시간은 8시간이었다. 어떻게 이러한 일이 가능할까?

그는 인간의 한계를 잘 알았다. 매일 14~15시간씩 일할 수 없다는 사실을 받아들였다. 그가 하루 동안에 가장 많이 일한 최고 기록은 11시간 30분이었는데, 보통 하루에 7~8시간만 연구해도 큰 만족을 느낀다고 하였다. 나머지 시간에는 실컷 자고, 공연도 자주 보러 다니고, 편지도 수시로 썼다. 물론 이 모든 일은 철저한 시간 계산과 함께 행해졌다. 뛰어난 절제력과 끈기가 있어 가능한 일이었다.

소련 식물보호연구소에서 일할 때는 출장을 가야 하는 일이 매우 잦았다. 그래서 그는 항상 책을 여러 권 가져갔으며, 장기간 출장을 갈 때는 출장지에 미리 우편으로 책을 보냈다. 몇 권을 가져갈지는 이전의 경험에 비추어 예상할 수 있었다. 또 그는 책을 읽을 때마다 매우 꼼꼼하게 요점 정리를 해 두는데, 그러다 보면 많은 시간이 걸리지만 대신 엄청난 자료를 보유하게 되었다. 그리고 그중에서도 가장 중요하다고 생각되는 책에 대해서는 요점 정리뿐 아니라 비판적인 관점에서 나름의 분석도 해 놓았다. 그 덕분에 그는 예비 원고를 미리 가지고 있는 셈이어서, 출판이 필요할 경우 이를 바탕으로 매우 신속히 원고를 집필할 수 있었다. 엄격한 시간 관리 때문에 류비셰프는 충분한 여유를 누릴 수 있었던 것이다.

시간은 인간의 지식과 경험을 지혜로 숙성시키는 마법을 가지고 있다. 인간은 생각하는 능력을 통해 지혜를 얻을 수 있다. 그런데 해와 달의 교차, 즉 시간의 흐름과 결합하지 않으면 경험은 지혜로 승화되지 못한다. 시간은 모든 것을 변화시키는 힘이 있다. 오늘의 패배자를 내일의 승리자로 바꿀 수 있고, 오늘의 절망을 내일의 희망으로 변화시킬 수 있다. 물론 그 반대의 상황도 얼마든지 가능하다. 따라서 시간이 있는 한 영원히 절망할 이유는 없다. 시간을 어떻게 경영하느냐에 따라 미래는 얼마든지 달라질 수 있다.

2

실행력이 뛰어난,
라이트 형제

피터 드러커는 "꿈과 목표, 그리고 자신의 신념을 실현하는 유일한 방법은 행동이다."라고 하였다. 《하버드 행동력 수업》에서는 많은 사람들이 꿈을 이루지 못하는 원인이 단 하나라고 주장한다. 그것은 '행동'하지 않기 때문이라는 것이다. 아무리 좋은 생각과 이론이 있더라도 실행으로 검증하고 현실에 적용하지 않으면 하나의 공상에 불과하다. 반면, 자신의 상상을 실행을 통해 검증하고 개선해 나간다면 그것은 위대한 창조의 발걸음이 된다. 생각을 성과로 만들려면 실행이 먼저이다. 라이트 형제가 비행기를 만들었던 과정도 이러한 실행의 중요성을 깨닫게 한다.

1903년 10월 7일, 구름 한 점 없는 화창한 가을 날씨를 만끽하며 워싱턴 D.C.를 가로지르는 포토맥 강가에는 이른 아침부터 수많은 인파가 모여들었다. 워싱턴포스트와 뉴욕타임스를 비롯한 언론과 정부, 군, 대학 교수와 학생들도 역사적인 장면을 보기 위해 나왔다. 당대 최고의 물리학자이자 비행가인 랭글리 박사의 역사적인 비행 실험을 보기 위해서였다.

랭글리 박사는 무인 비행기 개발에 성공한 후 정부의 전폭적인 지원을 받아 비행기 개발을 추진하였다. 그는 에디슨이나 벨처럼 당대 사람들에게 많은 사랑을 받는 과학자이자 발명가였다. 노벨상이 제정되기 전인 1887년, 당시 가장 권위 있는 상이었던 영국왕립협회의 럼퍼드상을 받기도 하였다.

드디어 카운트다운이 시작되었다. 3, 2, 1. 비행기는 발사대를 미끄러져 출발하였다. 모두 숨을 죽이고 비행기의 이륙을 기다리고 있었다. 그러나 비행기는 그대로 포토맥강(江)에 추락하고 말았다. 강물에 추락한 비행기 안에서 조종사를 긴급 구조하는 모습을 바라보는 사람들의 마음은 처참하였다.

며칠 후 랭글리 박사는 기자 회견을 통해 비행기에는 아무 문제가 없으며 발사 장치 문제로 실패한 것이므로, 조만간 다시 비행 실험을 하겠다고 발표하였다. 그리고 두 달 후 1903년 12월 8일, 추운 날씨에도 같은 장소에 많은 인파가 모여들었다. 랭글리 박사는 두 달 전에 있었던 첫 실험의 실패로부터 얻은 데이터를 철저히 분석하였다며 성공을 자신하였고, 당연히 사람들의 기대감도 부풀어 올랐다. 하지만 결과는 또다시 참혹한 실패였다. 뉴욕타임스는 '사람이 하늘을 날기 위해서 앞으로 천 년은 족히 걸릴 것'이라고 비아냥댔다.

9일 후, 12월 17일 노스캐롤라이나의 키티호크 해변에서 라이트 형제가 비행 실험을 시도하였다. 동네 사람 다섯 명이 지켜보는 가운데, 275kg의 플라이어호가 지상으로부터 이륙하여 시속 43km의 강한 맞바람을 받으며 비행에 성공하였다. 첫 비행에서 12초 동안 37m 비행하였고, 속도는 약 시속 10.9km이었다. 이 비행이 우리가 자주 보았던 라이트 형제의 첫 비행 장면이다. 잇따른 두 차례의 비행에서도 형제는 번갈아 성공하였다. 랭글리 박사가 실패하고 천 년은 더 걸릴 것 같다는 유인 비행기 개발이 오하이오 데이턴에서 자전거포를 운영하는 무명의 형제들에 의해서 성공한 것이다.

라이트 형제가 태어나고 살았던 오하이오주 데이턴은 역사적으로 큰 관심을 끌 만한 사건이 없는 '한적한 곳'이었다. 달리 말하면, 타인의 이목을 받지 않고 조용히 스스로의 가능성을 시험해 볼 수 있는 곳이었다.

라이트 형제가 하루아침에 비행기를 발명한 것은 아니다. 형인 윌버는 천재적 기질이 있었고, 동생 오빌은 기계 다루는 능력이 특출났다. 그들은 끊임없이 새로운 흥밋거리를 찾아 도전하였다. 그들은 거의 독학으로 인쇄 기계를 설계·제작하기 시작하였고, 그 뒤에는 자전거 판매 사업에 뛰어들어 설계·제작까지 하였다. 두 형제가 1893년에 차린 '라이트 자전거 상회'의 주문 제작 자전거 사업은 꽤 번창하였고, 형제는 이 사업에서 얻은 수입으로 초기의 항공 실험을 할 수 있었다.

라이트 형제에게 비행의 꿈을 심어준 것은 독일의 항공 연구가 오토 릴리엔탈과 프랑스의 농부 연구가였던 무이야르였다. 무이야르가 쓴 '공중 제국' 영역본에 묘사된 새들의 비행은, 라이트 형제의 느슨해진 호기심을 자극하며 적극적인 일꾼의 열정으로 변모시켰다. 라이트 형제는 실험용 연을 날리며 공기 역학을 연구하였고, 1899년 자전거포의 위층 방에서 그들의 첫 번째 비행기를 제작하였다.

이렇게 형제가 비행기에 깊은 탐구와 노력을 했다하더라도 어째서 당대 최고 과학자 랭글리 박사는 실패하고, 라이트 형제는 성공하였을까? 더욱이 비행 이론을 체계화한 랭글리 박사는 정부의 지원을 받으며 17년간이나 비행기 개발에 몰두하였지만 성공하지 못하였다. 반면 라이트 형제가 비행기를 띄우는 데는 고작 4년밖에 걸리지 않았다.

그들은 비행기 개발을 바라보는 접근법이 달랐다. 랭글리 박사는 비행기가 뜨는 것이 중요하다고 생각하였고, 라이트 형제는 나는 것이 중요하다고 여겼다. 또한 랭글리 박사는 정교한 이론에 입각하여 연구에 몰두하였고, 라이트 형제는 시행착오를 거치면서 수정해 나갔다. 그래서 랭글리 박사는 비행기 이륙에 집중하여 가볍고 동력이 센 엔진 개발에 몰두하였고, 비행을 위한 분석에 초점을 맞추었다. 그러다 보니 이론에 집중하여 제대로 된 비행 연습을 등한시하였고, 그 결과 배 위에서 비행기를 하늘로 쏘아 올렸다.

반면에 라이트 형제는 비행기가 나는 것을 중시하여 직접 몸으로 체험하면서 공기역학을 터득하였다. 공중에서 조종이 수월한 기체 설계에 힘쓰면서, 언덕 위에서 바람에 의해 비행기를 날리는 방식을 선택하였다. 라이트 형제는 비행에 앞서 모형을 가지고 실험한 것으로도 유명하다. 이들은 비행을 위해 무엇이 필요한지 몸으로 익혀 나갔다. 이러한 관점의 차이가 커다란 결과의 차이를 가져온 것이다. 머리로 생각하는 것도 중요하지만 몸으로 과감하게 실천하지 않는다면, 아무리 위대한 생각도 하나의 공상에 불과하다. 라이트 형제는 실행력의 중요성을 계속된 실험과 연구를 통해 알고 있었다.

그들은 평생 하늘을 잘 날기 위한 기술과 비행기를 개발하는 데 노력을 기울였다. 자전거포를 운영하면서 더 잘 달리는 자전거를 만드는 방법은 직접 타 보고 개선해 나가는 것임을 알고 있었다. 그래서 비행기를 만들 때도 실천과 검증을 중요시한 것이다. 이론은 실천을 통한 검증으로 진리의 대열에 합류할 수 있다.

3

전설의 경주마
시비스킷과 조련사

괴테는 "내 작품들은 모두 내 머리에서 나온 것은 아닙니다. 그것은 나에게 소재를 제공해 준 수많은 일과 사람들부터 나온 것입니다."라고 말하였다. 노벨상을 받은 물리학자 러더퍼드는 "과학자는 자기만의 생각이 아니라 수천 명의 지혜를 융합해서 새로운 결론을 내린다."라고 하였다.

이렇듯 위대한 창조와 업적 뒤에는 여러 사람의 합심과 협력이 함께하였다. 혼자 열심히 일한다고 해서 큰 성과가 나오는 것이 아니라, 여럿이 합심하여 협동할 때 큰 성과를 거둘 수 있는 것이다. 보잘것없고 경기장에서 곧 사라질 운명의 비루먹은 말 한 마리도 그렇게 해서 명마로 탄생하였다.

암울하였던 1930년대 미국 대공황 시절, 최고의 뉴스메이커는 불멸의 명마 '시비스킷'이었다. 그 당시 미국은 대공황의 시기를 힘겹게 통과하고 있었다. 대량 해고와 실업은 일상의 풍경이 되었다. 하루아침에 일자리를 잃은 이들은 갈 곳을 몰라 공원과 거리를 방황하였으며, 어떤 이는 경마신문을 들고 경마장으로 향하였다. 미국 정부는 경기 회복을 위해 경마를 합법화하고 육성하였다. 갑자기 모든 것을 잃어 버린 이들은 경마를 통해 벼락부자가 되는 꿈을 꾸었다. 자연히 경마를 하지 않는 사람들도 경마 뉴스를 관심 있게 보았다.

이때 혜성처럼 나타나 미국인들의 마음을 훔친 말이 '시비스킷'이었다. 그런데 이 말은 원래 몸집이 작고 다리는 구부정해서 경주마로는 맞지 않는 체형이었다. 이 볼품없는 말이 최고의 명마가 되어 경마장에 구름과 같은 수많은 관중들을 불러들인 것이다. 도대체 무슨 일이 있었던 것일까?

1936년 여름 찰스 하워드와 톰 스미스가 보스턴의 경마장에서 찾아낼 때까지, 시비스킷에 주목한 이는 아무도 없었다. 체격 자체가 작은 데다 심각한 저체중이어서, 위풍당당해야 할 경주마가 아니라 짐 끄는 망아지로 종종 오해까지 받았다. 경주 실적도 시원찮았다. 3살 나이에 다른 경주마들이 평생 뛸 만큼인 43경기를 뛰었으니, 심하게 혹사당한 편이었다. 시비스킷은 몹시 지쳐 있었다. 틈만 나면 훈련을 거부하며 잠을 잤고, 수틀리면 신경질적으로 날뛰어 마방을 뒤흔들어 놓고는 하였다.

하지만 마필 관리사(마필 관리사는 어린 말들을 경주마로 만드는 사람이다. 경주마 훈련에서부터 사료를 주는 '사양 관리', 말이 생활하는 마방의 볏짚을 교체하거나 청소하는 '구사 관리', 말의 건강 상태를 확인하고 목욕을 시키는 등의 '보건관리', 말발굽을 관리하는 '장제 관리' 등을 책임진다) 스미스는 시비스킷의 잠재력을 알아보았다. "뭔가 특별한 것이 있으니 사자."는 스미스의 제안에 하워드는 8000달러에 말을 구매하였다. 하워드는 자전거 수리공으로 출발하여 자동차 판매로 큰 성공을 이루었지만, 그도 대공황의 직격탄을 피하지는 못하였다. 그는 경마를 통해 새로운 사업의 돌파구를 마련해 보고 싶었다. 그리고 스미스는 경주마 관리 경력이 1년 남짓이라 마주들로부터 일거리를 구하지 못하고 있었다. 그는 중부의 대평원 지대에서 태어나 젊은 시절을 인디언들과 보냈는데 동물, 특히 말의 정서와 감정을 잘 이해하였다.

이제 말을 탈 기수가 필요하였다. 그들이 야심차게 영입한 폴라드는 두 사람의 상태와 비교해서 훨씬 좋지 않았다. 기수 겸 복서 경력이 12년째였지만, 둘 중 어느 쪽도 별 볼 일이 없었다. 낮에는 상금을 받기 위해 말을 타고, 링에서는 얻어맞고, 밤에는 마방에서 쪽잠을 잤다. 한쪽 눈은 오래 전에 복싱 경기를 하다 실명한 상태였다. 폴라드가 시비스킷을 만나던 날, 그는 말에게 다가가 손바닥을 펼쳐 각설탕을 먹였다. 미국 경마 역사상 최고의 드림팀이 만들어지는 순간이었다.

그들은 보잘것없는 말을 최고의 말로 바꾸기 위한 작전에 돌입하였다. 시비스킷을 최고의 명마로 바꿀 수 있었던 비결은 '칭찬과 인정'이었다. 그들은 말의 숨은 재능을 발견하고는 성공을 의심치 않았다. 그들은 시비스킷이 외모와는 달리 맹렬한 스피드와 영특한 머리, 불굴의 투지가 있다는 사실을 발견한 것이다.

그들은 억지로 달리기 훈련을 시키는 대신, 달리고 싶은 마음이 생기도록 유도하였다. 말을 안 듣고 저항해도 절대 채찍은 쓰지 않고, 진정하기를 기다렸다. 수면 시간에는 마음껏 자게 내버려 두었다. 나쁜 습관도 한 번에 고치려 하지 않고 하나하나 제거해 나갔다.

또한 훈련을 시킬 때는 실력이 엇비슷한 말과 함께 달리게 함으로써 경쟁심을 자극하였다. 어떨 때는 미리 출발을 시켜 1등의 쾌감을 맛보도록 하였다. 그러자 시비스킷은 마음을 열고 훈련에 집중하기 시작하였고, 시나브로 숨겨졌던 재능이 드러나 명마의 모습을 갖춰 갔다.

그해 가을, 시비스킷은 두 번째 출주까지도 순위권에 들지 못하였다. 그러나 세 번째 출주한 경기에서 유력 우승 후보를 따돌리고 승리를 거머쥐며 단연 '다크호스'로 떠올랐다. 이어 서부로 건너가 캘리포니아의 주요 경마 대회를 차례로 '격파'하였다. 서부는 이 새로운 스타에 열광하였고, 시비스킷의 출주 소식이 알려지면 수만 명의 관중이 몰려들어 경마장 주변 호텔과 식당을 점령하였다. 시비스킷이 탄 열차가 정거장에 멈출 때면, 객차의 모습이라도 보고자 군중이 몰려들 정도였다. 그러자 언론에서는 시비스킷과 동부의 챔피언 워 애드미럴의 단독 대결을 부추겼다.

1938년 11월 1일, 시비스킷은 드디어 워 애드미럴과 운명적인 일전을 벌였다. 미국 곳곳에서 기록을 세우며 달리는 시비스킷이었지만, 대부분의 사람들은 혈통과 체형이 완벽하였던 당시 최고의 경주마 워 애드미럴의 승리를 확신하였다. 더구나 시비스킷에는 한 가지 불운이 닥쳤다. 경기를 앞두고 사고로 기수 폴라드의 한쪽 다리가 완전히 박살난 것이다. 폴라드의 친구이자 유능한 기수 조지 울프가 긴급히 대체 기수로 투입되었지만, 오랫동안 호흡을 맞춰 온 폴라드 만할 수는 없었다. 경마꾼들은 고민 없이 워 애드미럴에게 베팅 하였다.

그렇지만 시비스킷의 습성을 잘 알았던 그들은 시비스킷의 '승부욕'을 자극하며 우승을 차지하였다. 기수 울프는 평소 시비스킷의 질주 습성과 다르게, 게이트가 열리자마자 곧바로 치고 나가 상대마에게 바짝 붙어 시비스킷이 스스로 경쟁심을 느껴 박차고 나가도록 하였다. 시비스킷은 결국 4마신 (말 몸의 길이) 차로 경주에 이겨 1938년 '올해의 명마'에 선정되었다.

처음에는 그저 그런 말로 여겨졌던 시비스킷은 미국의 유명 인사이자 '희망의 아이콘'으로 남았다. 시비스킷을 명마로 만든 것은, 숨은 재능을 발견하고 잠재력을 최대한 끌어낸 명 조련사 3명의 합심과 협력이었다. 넷은 하나였다. 마음과 마음이 합해지면 그때까지 만날 수 없었던 새로운 힘을 가진 큰마음이 만들어지고, 그것은 기적을 창조하게 된다.

아무리 스펙이 좋고 재능 있는 사람들로 팀을 구성해도 그들끼리 큰마음을 만들어 내지 못한다면 그 팀은 경쟁력을 가질 수 없다. 무슨 일을 하든 마음과 마음을 하나로 조화시킬 수 있느냐가 가장 중요한 관건이 된다. 합심하고 협력할 때 비로소 기존에 이루지 못하던 성과를 거둘 수 있다.

4

링컨의 위대한 사과

에머슨은 "인간의 인격은 말하지 않아도 저절로 드러난다. 순간적인 행위와 말, 그리고 일신상의 의도는 인물 됨됨이를 나타내기에 충분하다."라고 하였다. 우리는 무의식중에 말과 행동을 통해 자신의 인격을 드러내고 있다. 그런데 조직과 상대의 마음을 움직이는 힘은 권위와 지시가 아니라 인격을 통한 감화에 있다. 그렇게 만들어진 리더십이라야 오랫동안 유지되고 영향력을 발휘할 수 있다.

미국 남북 전쟁이 치열하던 어느 날이었다. 당시 버지니아 북부에서는 치열하게 반격해 오는 남군과의 싸움이 한창이었다. 북부 수도 방위를 담당하던 스콧 대령이 군 통수권자인 링컨 대통령을 찾아왔다. 사고로 죽은 아내의 장례식에 참석하려고 휴가를 신청하였으나, 직속 상관이 그 신청을 받아들이지 않았기 때문이다.

스콧 대령의 아내는 아픈 남편을 간호하러 워싱턴에 왔다가 집으로 돌아가는 길에 증기선 충돌 사고로 사망하고 말았다. 대령은 슬퍼하는 아이들을 위로하고 아내의 장례식에 참석하기 위해 연대장에게 휴가를 신청하였다. 그러나 전세가 너무 급박해서 장교 한 사람의 몫이 아쉬운 때였으므로 그 신청은 받아들여지지 않았다. 하지만 당연히 휴가를 받아야 한다고 생각하였던 스콧 대령은 뜻을 굽히지 않고 위계질서를 어겨 가며 스탠턴 국방 장관에게 직접 휴가를 요청하였다. 그러나 장관 역시 그의 요청을 거절하였다. 결국 스콧 대령은 자신의 뜻을 관철하기 위해 급기야 링컨 대통령을 직접 찾아가게 된 것이다.

토요일 오후, 마지막 접견객으로 대통령 집무실에 들어선 스콧 대령은 링컨 대통령에게 자신의 전후 사정을 설명하였다. 그러자 링컨은 그의 말이 끝나기가 무섭게 불같이 화를 냈다.

"잠깐만이라도 나를 가만히 내버려 둘 수 없겠나? 밀려드는 요청에 잠시도 쉴 수가 없어. 이 따위 문제로 여기까지 오다니… 인사과에 가란 말일세. 서류나 휴가 문제는 인사과 담당이잖아!"

스콧 대령은 스탠턴 장군이 휴가를 허락해 주지 않아 부득이 이곳까지 오게 되었다고 말하였다.

"그러면 못 가는 거지! 갈 수 있다면 어련히 보내 주지 않았겠나? 위계질서와 명령은 지키라고 있는 것일세! 게다가 지금 나보고 스탠턴 장관의 결정과 규칙을 번복하라는 말인가? 내가 그렇게 할 일 없이 노는 사람처럼 보이나? 눈코 뜰 사이 없이 바쁘다네. 그깟 휴가 문제로 낭비할 시간이 조금도 없단 말일세! 자넨 지금 전쟁 중인 걸 모르나? 자네 같은 사람이 어디 한두 명인가? 이 나라의 모든 사람들이 슬픔으로 가슴이 무너져 있네. 그렇게 어리광이나 부리고 있을 시간이 조금도 없단 말일세! 우리가 할 일은 싸우는 것, 하나뿐이야! 지금은 이기는 것이 중요하다네."

링컨 대통령의 분노에 스콧 대령은 크게 좌절하여 자신의 막사로 돌아갔다.

다음 날 새벽, 스콧 대령은 누군가 막사 문을 두드리는 소리에 잠이 깼다. 스콧 대령이 문을 열어 보니 문 앞에 링컨 대통령이 서 있었다.

"스콧 대령, 어제 저녁 나는 사람도 아니었네. 정말 뭐라 할 말이 없네."

링컨은 스콧의 손을 꼭 잡으며 말하였다.

"어제는 너무 심신이 지쳐 있었네. 그렇다 해도 국가를 위해 헌신하고 아내를 잃어 실의에 빠진 사람을 그렇게 험하게 대해서는 안 되는 것이었네. 밤새 후회하면서 뒤척이다가 용서를 청하러 이렇게 왔네."

링컨 대통령은 진심으로 사과하였다. 링컨은 이미 스탠턴 장관에게 연락하여 스콧이 부인의 장례식에 갈 수 있도록 조처를 해 두었다. 링컨은 대령을 자신의 마차에 태워 증기선 부두까지 배웅해 주었다. 훗날 사람들은 이 고백을 '링컨의 위대한 사과(Great Apology)'라고 불렀다.

링컨은 스콧에게 사과하지 않아도 되었다. 위계질서를 어긴 것은 스콧이었기 때문이다. 그런데 과도한 업무와 치열한 전쟁으로 신경이 날카로워진 링컨은 불같이 화를 냈고, 스콧 대령은 실의에 빠졌다. 잠시 후 링컨은 자신의 모습을 되돌아보았고, 부끄러움을 느꼈다. 그리고 즉시 사과하기로 마음먹었다. 자신의 잘못을 아랫사람에게 사과한다는 것은 쉬운 일이 아니다. 그럼에도 링컨은 즉각적이고 솔직하게 사과할 수 있었기에 그 스스로 떳떳할 수 있었고, 더 큰 리더십을 발휘할 수 있었다.

이렇게 링컨은 사람에 대한 존중과 헌신, 사랑을 실천하였다. 그는 이러한 태도를 변함없이 지켜 나갔고, 결국 미합중국의 통일과 노예 해방이라는 열매를 거두게 되었다. 링컨이 이룬 모든 위대한 일은 타인을 향한 겸손과 사랑에서 비롯되었다. 아무리 뛰어난 재주를 가진 사람이라도 다른 사람을 억압하거나 독선적인 태도를 고집한다면 오래가는 성공을 거둘 수 없다. 자신의 뜻을 이루려는 사람은 먼저 다른 사람을 존중하고, 상대의 입장에서 생각하는 자세가 반드시 필요하다.

5

최초의 미국인, 프랭클린

벤저민 프랭클린은 '최초의 미국인', '미국 최초의 기업가'라 불린다. 프랭클린의 자서전은 하버드 대학이 선정한 고전 필독서 목록 가운데 첫 번째 권장 도서이다. 프랑스의 정치가 튀르고는 벤저민 프랭클린의 2대 업적을 다음과 같은 명언으로 요약하였다.

"그는 하늘에서 번개를 훔쳤고, 군주에게서 권위를 빼앗았다."

프랭클린은 연날리기를 통해 번개가 전기라는 사실을 증명하였고, 번개에 대처하기 위해 피뢰침을 발명하였다. 그는 복초점 안경, 고효율 안경, 멕시코 만류 도표, 감기의 전염성에 대한 이론 등을 만들어 냈다. 또 대출 도서관, 대학교, 의용 소방대, 보험 협회 등 다양한 도시 발전 프로그램도 만들었다.

1847년에 나온 최초의 미국 우표에는 그의 얼굴이 들어가 있다. 펜실베이니아 주지사를 지냈지만 미국 대통령이 되지는 못하였다. 초대 대통령으로는 조지 워싱턴이 대세였고, 다음 대통령이 되기에는 프랭클린이 너무 고령이었다. 조지 워싱턴이 취임하고 이듬해인 1790년 프랭클린은 사망하였다. 프랭클린은 84살까지 살면서 미국 최고의 과학자, 발명가, 외교관, 저술가, 비즈니스 전략가로 활동하였다.

그는 비누·양초 제조업자인 아버지의 자녀 중 10번째로 태어났다. 남자로는 막내였다. 그는 10살 때 집안 형편 때문에 아버지의 양초 공장 일을 돕기 위해 학교를 그만두었지만, 수많은 가족을 부양하느라 가정 형편은 나아지지 않았다. 그래서 형이 운영하는 인쇄소에서 신문 만드는 일을 돕기로 하였다. 프랭클린은 곧 인쇄소 일이 너무 재미있다는 것을 알게 되었다. 유럽의 자유주의와 계몽주의 사상이 담긴 책들을 탐독할 수 있었고, 유럽 과학의 발견들에 대해서도 읽을 수 있었기 때문이다.

프랭클린의 정규 교육은 8살 때부터 2년간 학교에 잠깐 다니며 읽기, 쓰기와 산수를 배운 것이 전부였다. 이후로 그가 터득한 지식은 모두 책이나 경험을 통한 독학이었다. 어려운 형편이 그의 배움에 대한 열정까지 가로막지는 못하였다. 책을 좋아하였던 프랭클린은 16살 때부터 신문에 '사일런스 덕우드 부인'이라는 익명으로 연재를 시작하게 되는데, 이같은 그의 저술 활동은 훗날 문학과 과학뿐 아니라 예술, 정치, 종교, 교육, 철학에까지 미치게 되었다.

프랭클린은 20살 때 첫 번째 영국 여행을 마치고 돌아오는 길에 대서양을 바라보며 다음 몇 가지를 다짐하였다. ① 앞으로 빚을 다 갚을 때까지 검소하게 살겠다. ② 진실한 언행으로 열심히 일하겠다. ③ 남의 험담을 하지 않겠다.

그에게는 완벽한 인간이 되고 싶은 소망이 있었다. 그래서 22살 때 '종교의 신앙·행위 조항'이라는 것을 만들었다. 완전히 자기 것으로 만들 13가지 덕목 리스트를 뽑은 것이다. 그것은 절제·침묵·정돈·결심·검소·근면·진실·정의·중용·청결·평온·금욕·겸손이었다.

그런데 이것들을 안다고만 해서 자기 것이 되는 것은 아니었다. 그래서 그는 13가지 원칙을 습관으로 만들기 위해 실천 방안을 마련하였다. 그는 노트 한 권을 준비해서 각 장마다 칸을 만들었다. 그리고 기간을 정한 다음 한 가지씩 훈련하며 그것을 기록으로 남겼다. 이러한 엄격한 훈련은 일찍이 그가 만났던 편집장 퍼스와의 인연에서 비롯되었다.

퍼스는 프랭클린이 글을 쓸 때 항상 이렇게 말하였다.

"한 단어라도 정확하지 않은 것이 있으면 반드시 사전을 찾아서 확인해야 하네."

또 프랭클린에게 글을 한 편씩 써서 제출하라고 하기도 하였다. 프랭클린이 글을 늦게 제출하면 직접 찾아가서 책상을 두드리며 "글은 어찌 됐나?" 하면서 재촉하였다. 이렇게 한 달, 두 달 시간이 흐르면서 프랭클린의 글솜씨는 빠르게 향상되었다.

퍼스가 세상을 떠나고 그의 원고를 정리하던 프랭클린은, 그가 남긴 메모를 보게 되었다.

"나는 사실 자네가 생각하는 것처럼 그렇게 대단한 사람은 아니라네. 글에 대해서 잘 아는 것도 아니고. 그렇지만 자네가 나에게 가르침을 부탁하였고, 나는 기꺼이 그 일에 충실하였네. 하지만 사실대로 말하자면 자네스스로 훈련한 것뿐이었네."

이 글을 읽고 프랭클린은 깨달은 바가 있었다. 자신의 문학적 소양과 글쓰기 실력이 주기적으로 한 편씩 글을 썼던 훈련에서 비롯되었다는 사실이었다. 그는 무엇이든 꾸준한 훈련을 통해 향상될 수 있음을 기억하고, 퍼스가 자신에게 하였던 것처럼 스스로를 끊임없이 훈련하고 닦아 나갔다.

프랭클린은 뜻하는 바를 이루기 위해 실천할 덕목을 정하고 열심히 훈련하였다. 여기서 중요한 것은, 실천 덕목을 정해 준 사람이 다른 사람이 아니라 바로 자기 자신이었다는 것이다. 삶은 이러한 능동적인 노력과 실천에 의해 변화되고 성숙해 간다.

20대 초반의 나이에 평생 나아갈 방향과 자신의 그릇 모양을 정하고, 매일 점검하며 기록하였다는 사실이 놀랍다. 대부분의 사람들은 남이 정해 놓은 기준과 틀에 맞춰 살기 바쁘고, 자신은 그러한 기준을 만들면 안될 것 같은 착각을 하며 살아간다. 하지만 그것은 내 인생을 사는 것이 아니라 남의 인생을 사는 것이다. 한 번뿐인 인생인데 남의 인생을 살다 간다면 나중에 얼마나 후회가 되겠는가. 이제라도 인생의 기준과 방향을 정하고 점검해 보는 습관을 가져 보는 것은 어떨까?

6

유배지에서 작품을 쓴, 도스토옙스키

1849년 12월 22일 새벽, 러시아 세묘노프 광장에 위치한 사형장 사형대 위에 반체제 혐의로 잡혀 온 28살의 청년이 서 있었다. 그는 반체제 독서 모임에 가입하여 정치적·사회적 개혁운동에 가담한, 장래가 촉망되는 젊은 작가였다. 그가 24살에 쓴 첫 번째 작품인 《가난한 사람들》은 평론가들의 호평을 받았다.

그가 가입한 급진 세력은 농민 반란을 기획하는 등 당시 유럽에 불어 닥친 혁명의 파도에 올라타려 하였다. 그러나 차르[제정 러시아 때 황제(皇帝)] 니콜라스 1세의 추적 끝에 1849년 모두 다 잡히고 말았다. 당시 군사 법원은 다음과 같은 판결을 내렸다.

"퇴역 육군 소위 도스토옙스키는 범죄 음모에 가담하였을 뿐만 아니라,

정교회와 통치 권력을 거스르는 괘씸한 표현으로 가득찬 벨린스키의 편지를 유포시켰으며, 다른 용의자들과 함께 사설 인쇄소를 통해 정부에 반대하는 서적을 유포하였으므로, 모든 권리를 박탈함과 동시에 8년간의 요새 유형에 처한다."

그들은 군사 기지 감옥에 갇혀 있다가 12월 22일, 세묘노프 연병장에서 사형대로 향하였다. 연병장에는 이미 말뚝이 박혀 있었고 총을 가진 병사들이 일렬횡대로 정렬해 있었다. 죄수들이 두 줄로 자리 잡자, 집행관이 사형 선고문을 읽었다. 도스토옙스키는 자신의 귀를 의심하였다. 사형이라니? 모두의 얼굴에 두건이 씌워졌고 집행관이 총을 겨누었다. '철컥' 탄환을 장전하는 소리가 그의 귀를 뚫고 심장을 파고들었다. 순간, 어릴 적부터 그를 괴롭히던 발작 증상이 엄습하였고, 잠시 사형 집행이 중지되었다.

그런데 바로 그 순간 "멈추시오, 형 집행을 멈추시오!" 한 병사가 흰 수건을 흔들며 형장으로 달려왔다. 사격 중지를 알리는 신호였다. 이들은 죽음의 낭떠러지에서 벗어나게 된 것이다.

"법에 의해 사형을 당해야 마땅한 죄인들을 황제 폐하께서 한없는 너그러움으로 특별히 사면하셨다. 사형 대신 유배를 보내라는 명령이다."

사실 이것은 니콜라이 1세가 반역을 주도한 자들에게 겁을 주기 위한 연극이었다. 하지만 도스토옙스키는 이 사건을 결코 잊지 못하였다. 그는 죽음 앞에서 삶의 가치를 깨달았다. 그는 무의미한 삶을 보내고 있던 자신에게 신이 이러한 재앙을 내렸다고 생각하였다.

이 체험은 20년이 지난 뒤 소설 《백치》를 통해 그려지고 있다. 소설의 주인공 므이쉬킨 공작은 그가 방문하였던 한 귀족의 집에서, 리옹에서 목격한 단두대 사형 장면과 함께 사형 언도를 받았던 사람의 마지막 몇 분간에 대해 언급하고 있다. 그는 이 순간의 정신적 변화를 다음과 같이 전하고 있다.

"이 사나이는 다른 이들과 함께 교수대로 끌려갔습니다. 그리고 사형 판결문이 낭독되었습죠. 그는 정치범으로 총살을 당할 운명이었습니다. ^(중략) 그는 이 5분 동안에 최후의 순간 같은 것은 생각할 필요가 없을 만큼 충실한 생활을 할 수 있을 것 같은 느낌이 들어 그동안에 할 여러 가지 일들을 정리했다고 합니다. 우선 동료들과의 작별에 2분을 할당하고 이 세상을 떠나기 전 자신을 성찰하는 데 2분, 그리고 나머지 1분은 마지막으로 주위의 광경을 둘러보는 데 썼다는 것입니다. ^(중략) 하지만 그 순간 그가 무엇보다도 참을 수 없었던 것은 끊임없이 떠오르는 이런 생각이었답니다. '만일 내가 죽지 않는다면 어떻게 될까, 만일 생명을 되찾게 된다면 어떨까, 그것은 얼마나 무한한 것이 될까, 그리고 그 무한한 시간이 완전히 내 것이 된다면, 그렇게 된다면 나는 1분의 1초를 100년으로 연장시켜 어느 하나도 잃어 버리지 않을 것이다. 그리고 그 1분의 1초를 정확하게 계산해서 한순간도 헛되이 낭비하지 않으리라.'하고 다짐했다는 겁니다."

사형 집행을 면제 받은 도스토옙스키는 성탄절 밤, 쇠사슬에 묶인 채 시베리아의 옴스크 유형지로 이송되었다. 그곳에서 4년 동안 중노동을 하고 다시 6년 동안 전선에서 군복무를 해야 했다. 그러나 시베리아에서 보낸 4년의 수용소 유배 생활은 그의 인생에서 가장 값진 시간이 되었다. 몇 달

전만 해도 모든 것을 불쾌해 하고 근심하며, 길을 잃고 방황하던 모습은 찾을 수 없었다. 유일하게 반입이 허용되었던 신약성서를 읽고 또 읽었다. 그 속에서 그리스도의 얼굴을 마주하고 그는 심하게 흔들렸다. 그의 정신은 새로운 방향을 향해 나아가고 있었다.

혹한 속에서 무려 5kg나 되는 족쇄를 매단 채 지내면서도 그는 창작 활동에 몰두하였다. 글쓰기가 허락되지 않았던 유배 생활이었지만 시간을 낭비할 수 없어 종이 대신 머릿속으로 소설을 쓰기 시작하였고, 그것들을 외워 버리기까지 하였다. 한편으로는 고된 노동과 자신의 비참한 처지에 형언할 수 없는 슬픔을 느끼고 있었다. 게다가 병이 깊어져 한밤중에 비명을 지르기도 하였고, 간질 발작을 일으켜 바닥을 뒹굴다 온몸을 결박당하기도 하였다.

벽돌을 나르고 참호 속에서 맷돌을 돌리는 등 고달픈 생활의 연속이었지만, 한편으로는 앞으로 그가 쓸 작품의 방향과 인물들에 대한 생각들을 잉태하고 키워 나가는 소중한 시간이었다. 그가 작품 활동을 한 36년 중 10년은 시베리아에 유배되어 있었다. 그곳에서 그는 수많은 인간 군상들을 만났다. 그러한 만남을 통해 그는 인간에 대한 심오한 인식과 통찰에 이르게 되었다. 그는 "유형지는 내 안의 많은 것들을 죽였고, 동시에 다른 것들을 생겨나게 하였다."고 훗날 회고하였다.

유배 생활을 마친 후 세상 밖으로 나온 도스토옙스키는 인생은 5분의 연속이란 각오로 글쓰기에 매달렸고, 1881년 눈을 감을 때까지 수많은 불후의 명작들을 발표하였다.

도스토옙스키는 10년의 유배 생활을 나태한 자신에게 신이 내리는 벌이자, 작가로서 자신에게 부족하였던 것들을 채우는 기회로 여겼다. 바로 여기에 그의 탁월함이 있는 것이다. 우리에게 오는 환경의 정체를 우리가 다 알 수는 없다. 하지만 도스토옙스키처럼 나에게 주어진 환경과 조건을 나를 성장시키기 위한 기회라는 관점에서 바라본다면, 비록 어려운 환경일지라도 의미와 가치를 발견하고 성장할 수 있을 것이다.

인생은 계획한 대로만 펼쳐지지 않는다. 예기치 못한 고난이 닥치고 원하지 않는 삶이 다가올 때도 있다. 그렇더라도 거기서 기회를 찾고 주어진 시간을 잘 활용한다면 반드시 새길이 열리는 법이다.

나의 시간 사용 현황

류비셰프는 회계 장부를 기록하듯 나름의 방식으로 시간을 계산하였습니다. 그리고 매월 합계를 내고 그래프나 표도 만들었고, 연말에는 월말 합계를 바탕으로 연간 총계를 계산하였으며, 결산표도 만들었습니다. 그리고 5년씩 통계를 작성하여 얼마나 시간을 효율성 있게 사용하였는지 스스로를 감독해 나갔습니다. 이렇게 철저한 시간 관리로 70여 권의 학술 서적과 1만 2천 5백여 장에 이르는 연구 논문, 수천 권의 소책자들을 남겼습니다.

그러면서도 매일 운동과 산책을 즐기고, 한 해 평균 60여 차례의 공연을 보며 문화 생활을 하고, 지인들에게 안부를 묻고, 편지 쓰기를 즐기며, 수면 시간은 8시간이었습니다. 시간을 잘 관리한 덕에 여유 있는 생활을 즐길 수 있었던 것입니다. 작은 류비셰프가 되어 어제 나의 시간 사용 현황을 기록해 보고 고칠 점을 찾아 보세요.

나의 어제 시간 사용 현황 기록하기	예 수학 학원 숙제-50분, 학교 수업-6교시(300분), 독서(월든)-30분, 학교 쉬는 시간-50분(휴식-40분, 영어 복습-10분), 등하교 시간-30분, 게임-60분, 친구와 채팅-30분, 점심시간-60분(낮잠-30분, 식사 및 이동-30분), 유튜브 사용-30분, 영어 학원 수업-60분, 멍때리기-30분
고칠 점 반성할 점	예 새는 시간이 많은 것 같다. 계획을 세우고 체크 리스트를 만들어 할 일을 점검해야 한다.

접근법의 차이

랭글리 박사와 라이트 형제는 비행기 개발을 접근하는 방식이 달랐습니다. 랭글리 박사는 비행기가 뜨는 것이 중요하다고 생각하였고, 라이트 형제는 나는 것이 중요하다고 여겼습니다. 또 랭글리 박사는 정교한 이론에 입각하여 연구에 몰두하였고, 라이트 형제는 시행착오를 거치면서 수정해 나갔습니다. 이러한 접근법의 차이가 다른 결과를 가져왔습니다. 둘의 차이점을 정리해 보고, 발명과 발견을 위한 효과적인 태도에 대하여 생각해 보세요.

구분	랭글리 박사	라이트 형제
강점		
약점, 부족한 점		
실천 방법(결과)		

만트라 만들기

시비스킷을 최고의 명마로 바꿀 수 있었던 비결은 '칭찬과 인정'이었습니다. 조련사들은 말의 숨은 재능을 발견하고는 성공을 의심치 않았습니다. 그들은 시비스킷이 외모와는 달리 맹렬한 스피드와 영특한 머리, 불굴의 투지를 가지고 있다는 사실을 발견하였습니다.

다른 사람으로부터 칭찬과 인정을 받는 것도 중요하지만 자신이 스스로에게 해 주는 말이 더 중요합니다. 어떤 성공 철학자는 "나는 날마다 모든 면에서 점점 더 좋아지고 있다. 좋아지고 있다."라는 문구를 붙여 놓고 틈날 때마다 외우곤 하였습니다.

나의 마음에 용기와 의지를 불러일으키는 좌우명이나 주문(만트라)과 같은 문구를 만들어 보세요.

나의 마음에 용기와 의지를 불러일으키는 좌우명이나 주문(만트라)과 같은 문구	
위와 같은 문구를 만든 이유는?	

존중과 사과

자신의 잘못을 다른 사람에게 사과한다는 것은 쉬운 일이 아닙니다. 링컨은 즉시 솔직하게 사과할 수 있었기에 스스로 떳떳할 수 있었고, 더 큰 리더십을 발휘할 수 있었습니다. 다른 사람에게 사과하면 어떤 효과가 있을까요? 누군가에게 사과를 받아야 하는데 받지 못하였을 때 어떤 기분이 들었나요? 또 예상하지 못하였던 사과를 받았을 때 어떤 기분과 생각이 들었나요?

다른 사람에게 사과하면 어떤 효과가 있을까요?	
누군가에게 사과를 받아야 하는데 받지 못하였을 때 어떤 기분이 들었나요?	
예상하지 못하였던 사과를 받았을 때 어떤 기분과 생각이 들었나요?	

실천 덕목 체크 리스트

프랭클린이 실천하기 위해 노력한 덕목 10가지는 다음과 같습니다.

① 절제 = 배가 불편할 정도까지 먹지 말라. 취하도록 술을 마시지 말라.

② 침묵 = 남이나 자신에게 이익이 되지 않는 말을 삼가라. 경박한 토론을 피하라.

③ 질서 = 모든 일이나 물건이 제자리를 찾게 하라. 일은 가장 적합한 시기에 추진 하라.

④ 결단 = 반드시 해야 할 일을 실천하도록 결심하라. 결심하였으면 반드시 실천 하라.

⑤ 절약 = 남이나 자신에게 이익이 되지 않는 일에는 돈을 쓰지 말라. 그것이 낭비 하지 않는 길이다.

⑥ 근면 = 시간을 낭비하지 마라. 유익한 일에 힘쓰고 불필요한 일은 잘라버려라.

⑦ 성실 = 사람을 속여 해를 끼치지 말라. 순수하고 정의롭게 생각하고 이에 따라 말해라.

⑧ 정의 = 남에게 직접 상처를 주거나, 자신이 해야 할 일을 하지 않아 해를 끼치 지 말라.

⑨ 중용 = 극단을 피하라. 상대방이 아무리 잘못하였어도 그만큼 화를 내는 것을 참아라.

⑩ 청결 = 신체, 옷, 집이 불결한 것을 방관하지 말라.

현재의 내가 위 항목들에 대해 얼마나 체득하여 실천하고 있는지 점수를 매겨 보세요. (100점 만점)

구분(항목)	현재 나의 점수(100점 만점)	보완할 점, 고칠 점
절제		
침묵		
질서		
결단		
절약		
근면		
성실		
정의		
중용		
청결		

5분 활용법

　유배 생활을 마친 후 세상 밖으로 나온 도스토옙스키는 인생은 5분의 연속이란 각오로 글쓰기에 매달렸고, 1881년 눈을 감을 때까지 수많은 불후의 명작을 발표하였습니다. 인생은 5분의 연속입니다. 5분만 잘 활용해도 매우 생산적인 하루를 보낼 수 있습니다. 매일 5분을 활용하여 할 수 있는 일에는 무엇이 있을까요?

매일 5분을 활용하여 할 수 있는 일

예 매일 5분씩 책을 읽으면 한 달에 책 1~2권은 충분히 읽을 수 있다.

　　매일 5분씩 영어 교과서를 읽으면 한 달에 2~3과를 충분히 습득할 수 있다.

PART 07

행복

인생의 황금률

1

감사일기를 실천한,
오프라 윈프리

하버드대 샤하르 교수는 "언제나 현재를 소중히 여기고 늘 감사해야 한다."고 역설하였다. 이를 위해 그가 권하는 방법은 '감사노트'를 쓰는 것이다. 그는 매일 밤 잠들기 전에 하루를 되돌아보며 감사한 대상을 노트에 적었다. 몇 개의 단어를 적는 것에 불과하지만 그렇게 하는 것만으로도 긍정적이고 낙관적인 생활 태도를 가지는 데 도움이 되었다고 한다. 감사함이 없는 마음으로 인생을 긍정적으로 바라보는 것은 불가능하다. 아무리 어려운 상황이라도 감사한 것들을 발견하는 사람이 희망의 싹을 틔울 수 있는 것이다.

인종차별이 심하였던 미국 남부의 미시시피주에서 미혼모의 사생아로 태어난 흑인 소녀는 할머니 손에 거의 매일 매질을 당하면서 지독한 가난 속에서 자랐다. 그녀는 사생아였고 흑인이었으며, 가난하고 뚱뚱한 미혼모였고 마약중독자였다.

희망을 발견하고 현실을 이겨내기에 그녀가 가진 조건은 너무 형편없었다. 아마 그대로 실패한 인생으로 막을 내린다 해도 아무도 이상하게 생각하지 않았을 것이다. 하지만 인생에는 반전이라는 묘미가 있다. 훗날 그녀는 전 세계 시청자를 웃기고 울리는 사람이 되었다. 그녀는 바로 '오프라 윈프리 쇼'의 진행자로 유명한, 오프라 윈프리이다.

윈프리가 말하는 성공 비결은 책 읽기와 감사일기이다. 어릴 적부터 책 읽기를 좋아한 그녀는, 친구가 없어서 강아지에게 성경을 읽어 주었다고 한다. 그리고 언제부터인가 하루 동안 일어난 일들 중 감사한 일 다섯 가지를 찾아 기록하는 감사일기를 쓰기 시작하였다.

감사의 내용은 "오늘도 거뜬하게 잠자리에서 일어날 수 있어서 감사합니다.", "유난히 눈부시고 파란 하늘을 보게 해 주셔서 감사합니다.", "오늘 아침 맛있는 토스트를 먹게 해 주셔서 감사합니다.", "얄미운 행동을 한 동료에게 화내지 않았던 저의 참을성에 감사합니다.", "좋은 책을 읽었는데 그 책을 써 준 작가에게 감사합니다." 등 거창하거나 화려하지 않고 지극히 일상적인 것들이다. 사소한 것들에 감사하고 소중히 여기는 마음속에 바로 인생을 바꾸는 커다란 힘이 존재한다.

그녀는 감사일기를 통해 인생에서 소중한 것이 무엇인지, 또 삶의 초점을 어디에 맞춰야 하는지 깨닫고 배우게 되었다고 한다. 감사가 사라진 자리에는 교만이 싹튼다. 교만이 번성하는 곳에는 평화가 사라지고 다툼과

괴로움이 펼쳐진다. 감사는 삶의 본질을 바로 보게 하고 겸손의 자리로 인도한다. 겸손한 사람에게는 자연이 내려 주는 축복이 흘러 들어간다.

윈프리는 자신의 책에서 감사에 대해 다음과 같이 말하였다.

"항상 감사한 마음을 가지기는 쉽지 않다. 하지만 당신이 가장 덜 감사할 때가 바로 감사함이 가져다 줄 선물을 가장 필요로 할 때이다. 감사하게 되면 내가 처한 상황을 객관적으로 멀리서 바라보게 된다. 그뿐만 아니라 어떤 상황이라도 바꿀 수 있다. 감사한 마음을 가지면 당신의 주파수가 변하고, 부정적 에너지가 긍정적 에너지로 바뀐다. 감사하는 것이야말로 당신의 일상을 바꿀 수 있는 가장 빠르고 쉬우며 강력한 방법이라고 나는 확신한다."

지금보다 더 나은 삶을 살고 싶다면, 절망의 늪에 빠져 허우적거리고 있다면, 감사한 것을 먼저 찾아보는 것을 권하고 싶다. 고난에서 나를 끌어내주는 힘은, 물질적인 것보다는 정신적인 것들이 대부분이다. 누군가 내게 물질적인 도움을 주지 않더라도, 나는 감사한 것을 찾음으로써 마음의 부를 즉각 충전할 수 있다. 감사함을 갖지 않고 자신의 자리에서 다시 일어나기는 어렵다.

✔ '윈프리가 전하는 감사일기' 작성 원칙

원칙 1 한 줄이라도 좋으니 매일 써라.

원칙 2 주변의 모든 일을 감사하라.

원칙 3 무엇이 왜 감사한지를 구체적으로 작성하라.

원칙 4   긍정문으로 써라.

원칙 5   '때문에'가 아니라 '덕분에'로 써라.

원칙 6   감사요청일기는 현재 시제로 작성하라.

원칙 7   모든 문장은 '감사합니다.'로 마무리하라.

세네카는 "감사함을 표현하는 마음은 선(善)을 베푸는 마음만큼이나 아름다운 것이다."라고 하였다. 한 사람이 감사 기도를 올리는 모습이 세상에 얼마나 선한 영향력을 끼치게 되는지 다음 이야기를 통해 알아보자.

1918년 미국 미네소타주 보베이라는 작은 탄광촌에서 에릭 엔스트롬이라는 사람이 사진관을 운영하고 있었다.

어느 날 백발이 성성하고 몹시 지쳐 보이는 야위고 남루한 한 노인이 보잘것없는 신발 털개를 팔러 그의 가게에 들어왔다. 노인은 아주 초라한 모습으로 사진관에 들어와 잠깐 쉴 수 있는지 물었다. 에릭의 허락을 받은 그는 몹시 시장하였던지 테이블 앞에 앉아 식사를 시작하였다.

그런데 배고픔에 허겁지겁 식사할 것이라 예상하였던 모습과 달리, 노인은 소박한 빵과 스프를 앞에 두고 감사 기도를 드렸다. 엔스트롬은 그 모습을 보고 큰 감동과 전율을 느꼈다. 작은 것에도 감사 기도를 드리는 초라한 노인이 큰 사람으로 보였다. 엔스트롬은 노인을 보며 이러한 생각을 하였다.

'이 노인은 세상의 것들을 많이 갖지는 못하였지만 다른 사람들보다 더 많은 것을 가졌구나. 그는 감사할 줄 아는 마음을 가졌으니까.'

비록 노인은 가난하고 삶에 지친 모습이었지만 그의 소박한 감사 기도

속에서 그 노인이 세상 그 누구보다 부유한 사람임을 깨닫게 된 것이다. 그는 그 자리에서 노인의 사진을 찍었다. 나중에 그의 딸 나이버그가 사진을 보고 크게 감동하여 그 사진을 유화로 그렸는데, 그 작품이 바로 감사 기도하는 노인의 모습을 그린 유화 작품이다.

엔스트롬은 이 사진을 통해 당시 세계 제1차 대전으로 인해 고통 받는 많은 사람들에게 아직 감사할 것이 많이 남아 있다는 것을 보여 주고 싶었다. 그래서 사진을 미네소타 사진전에 출품하였다. 삶에 지친 노인이 빵 한 조각과 스프를 가지고 감사 기도를 드리고 있는 이 사진은 미네소타주의 사진으로 선정되었고, 나이버그가 그린 그림은 "The Grace(은혜 또는 감사의 기도)"라는 제목으로 널리 알려졌다.

"범사(凡事, 모든 일)에 감사하라."는 말씀은 많이 알려져 있다. 하지만 아침에 일어나서 잠들기까지 우리가 하루에 감사한 것들은 얼마나 될까? 감사를 실천한 이들은 그들의 삶에 많은 긍정적인 일들이 있었다고 증언한다. 그렇다면 감사에는 어떤 원리가 숨겨져 있기에 우리 인생을 밝은 쪽으로 인도하는 것일까?

UC 데이비스의 심리학 교수인 로버트 에몬스는 실험을 통해 "감사하는 사람은 훨씬 살아 있고, 경각심을 가지며, 매사에 적극적이고 열정적이며, 다른 사람들과 더 맞닿아 있다고 느낀다."라고 하였다.

그는 12~80세 사이의 사람들을 상대로, 한 그룹에는 감사일기를 매일 또는 매주 쓰도록 하고, 또 다른 그룹에는 그냥 아무 사건이나 적도록 하였다. 그런데 한 달 후 중대한 차이가 발생하였다. 감사일기를 쓴 사람 중 4

분의 3은 행복지수가 높게 나타났고, 수면이나 일, 운동 등에서 더 좋은 성과를 냈다. 그저 감사하였을 뿐인데 뇌의 화학 구조와 호르몬이 변하고, 신경 전달 물질들이 바뀐 것이다. 감사함을 느끼는 순간 사랑과 공감 같은 긍정적 감정을 느끼는 뇌 좌측의 전전두피질이 활성화된다. 심리학자들은 이를 'reset^(재설정)' 버튼을 누르는 것과 같은 효과라고 설명한다. 감사가 인간이 느끼는 가장 강력한 감정이라는 것이 재확인된 셈이다.

아무리 불행한 사람이라도 주변을 둘러보면 아직 감사할 것들이 널려 있다. 우울, 불안, 짜증 등으로 생활이 힘들다면 그러한 감정들에 집중하지 말고, 감사한 것들에 눈을 돌릴 필요가 있다. 감사는 부정적인 감정을 사라지게 하는 밝은 빛이다.

2

소파 방정환의 관용

'한국 어린이의 영원한 스승'으로 불리는 아동 문학가 소파 방정환 선생이 어느 날 밤늦도록 책을 읽고 있었다. 그런데 갑자기 강도가 들어와 시퍼런 칼을 들이밀며 돈을 내놓으라고 하였다. 선생은 별로 놀라는 기색도 없이 일어나 책상 서랍을 열고 390원(1925년 쌀 한 가마 약19원)을 내놓았다.

"내가 가지고 있는 돈은 이것이 전부이니 가지고 가시오."

그러자 강도는 돈을 들고 막 나가려고 하였다. 그때 선생은 강도를 불러 세우고 이렇게 말하였다.

"여보시오. 돈을 가져가면서 '고맙다'고 말하고 가져가야 하지 않겠소?"

강도는 어이없었지만 "그래, 고맙다."라고 말하며 가버렸다.

그런데 날이 밝은 지 얼마 안 되어 그 강도가 경찰에게 붙들려 왔다.

"선생님, 간밤에 많이 놀라셨지요? 이 사람이 방 선생님 돈을 빼앗았다지요?"

강도는 고개를 숙인 채 아무 말도 하지 못하였다.

"아니요, 나는 이 사람에게 돈을 뺏긴 일이 없어요."

"그래요? 이놈이 이 댁에서 돈을 390원이나 빼앗았다고 하던데요?"

경찰의 말을 들은 선생은 도둑을 쳐다보며 말하였다.

"아니, 이 사람아! 내가 390원을 주니까 당신이 '고맙다'고 말하지 않았소?"

그러자 경찰은 선생에게 다시 물었다.

"이 사람이 분명히 선생님 돈을 훔쳤다고 자백을 하였는데요?"

"빼앗았다면 내게 고맙다고 하였을 리가 있겠소? 돈을 훔쳐 가는 도둑이 고맙다고 인사를 하는 법이 어디 있소?"

상황을 지켜보던 경찰은 강도의 포승을 풀어 주고 가 버렸다. 경찰이 돌아가자 강도는 선생 앞에 무릎을 꿇고 엎드렸다.

"선생님, 용서해 주십시오. 세상에 선생님 같은 분은 처음입니다."

선생은 강도의 등을 두드리면서 "일어나시오. 사람이 어렵다 보면 그럴 수도 있는 것 아니오? 다시는 이런 일을 하지 마시오." 하고 타일렀다.

그는 너무나 고맙고 감격하여 그 후 방정환 선생 댁에서 열심히 일하는 사람이 되었다.

사람은 어떨 때 변화가 될까? 그것은 바로 크게 감동할 때이다. 감동하면 내면이 순화되고 정화된다. 이와 같은 용서와 관용은 한 사람의 인생이 새롭게 태어나는 계기를 만들어 준다.

《레미제라블》의 주인공 장발장은 정원사였지만 어느 겨울, 일자리를 잃게 되었다. 배고파 하는 조카들에게 줄 빵조각을 훔친 혐의로 5년 형을 선고 받았고, 이후 네 번이나 탈옥을 시도하다 19년 동안 감옥살이를 하고 겨우 가석방으로 풀려난다. 하지만 세상에 나온 그가 갈 곳은 없었다. 주위의 냉대와 무관심, 그리고 극히 위험한 자라는 낙인은 그를 절망하게 하였다.

어느 날 밤 수도원의 문 옆에서 잠을 청하던 그는 주교에게 발견되어 성당 안으로 들어가게 되었다. 주교는 그를 형제처럼 대해 주며 맛있는 저녁을 마련하여 주고 잠잘 곳도 기꺼이 내 주었다. 하지만 장발장은 그곳에서 은식기(銀食器)를 훔쳐 달아났다. 얼마 못 가 경찰에 잡힌 장발장은 그것들은 선물 받은 것이라고 거짓말을 해 확인 차 수도원으로 끌려오게 되었다. 이제 모든 것이 끝났구나 하고 생각하던 중, 자신의 귀를 의심하는 말을 듣는다.

주교는 "내가 선물한 것이 맞습니다. 그런데 형제여, 왜 은촛대는 가져가지 않았습니까?" 하며 은촛대마저 내주는 것이 아닌가? 다시 자유의 몸이 된 장발장은 깊은 참회를 하며 새로운 인생을 살아가기로 마음먹고, 불행했던 과거와 단절을 선언한다. 훗날 그는 사업에 성공해 큰 부를 쌓았으며, 어려운 이웃을 위해 자선 사업을 벌였다.

만약 그때 주교가 장발장을 용서하지 않고 '이런 못된 놈은 혼나야 합니다. 감옥에 처넣고 절대 나오지 못하게 해 주시오.'라고 하였다면 그의 인생은 어떻게 되었을까? 장발장은 주교의 용서에 크게 감동하였고, 자신을 형제로 대하는 주교의 태도에 잘못을 크게 반성하였다. 비로소 장발장은 자신에게 씌워진 굴레를 스스로 벗어던지고 세상으로 나올 수 있었다.

　공자는 "내가 원하지 않는 바를 남에게 행하지 말라."고 하였다. "무엇이든지 남에게 대접 받고자 하는 대로 너희도 남을 대접하라."고 성경에서는 말하고 있다. 자신이 대접 받고 싶은 대로 남을 대접하라는 황금률(golden rule, 黃金律)은, 인류의 수많은 문화와 종교에서 보편적으로 발견되는 원칙이다. 남을 비난하는 사람도 상대방이 칭찬과 용서와 사랑을 베풀기를 바란다. 내가 대접 받고 싶은 대로 남을 대접할 때 그것이 도리어 복이 되어 내게 돌아오는 법이다.

　오바마는 하버드 로스쿨에서 흑인 최초로 '하버드 로 리뷰(Harvard Law Review)'의 편집장이 되었다. 그가 마지막 순간에 편집장이 될 수 있었던 것은, '오바마는 보수적인 학생들까지 공정하게 대할 것이다.'라는 평가를 보수적인 학생들에게 받았기 때문이었다. 오바마는 다른 학생들에게 황금률을 실천하는 사람임을 인정받은 것이다.

　우리는 인생에서 성공을 맛보고 행복하기를 희망한다. 우리의 진로 설계는 황금률을 실천할 때 더 튼튼하고 단단해질 수 있다.

3

운명을 창조한,
배휴 형제

인간의 운명은 정해진 것일까? 아니면 어떻게 마음먹고 어떻게 행동하느냐에 따라 달라지는 것일까? 하버드대 경영대학원의 클레이튼 크리스텐슨 교수는 "인생 여정에서 어느 지점에 있느냐에 따라 전략이 다르다. 의도적 전략으로 기회를 만들 수도, 예상하지 못한 곳에서 전혀 색다른 기회를 만날 수도 있다. 분명한 동기를 찾았다면 의도적으로 전략을 세워야 하고, 그렇지 않다면 기회를 만들어야 한다."고 말하였다. 우연과 필연이 어우러진 인생길에서 그저 운명이라고 주저앉아 포기한다면, 새로운 기회는 열리지 않을 것이다.

당나라 때 배휴라는 유명한 정승이 있었다. 그는 쌍둥이로 태어났는데

안타깝게도 등이 맞붙은 기형아로 태어나는 바람에, 부모가 칼로 등을 갈라 살이 많이 붙은 아이를 형으로, 살이 적게 붙은 아이를 동생으로 삼았다. 부모는 형과 동생의 이름을 '도(度)' 자로 짓되, 형의 이름은 '법도 도(度)'로 하고 동생은 '헤아릴 탁(度)'이라고 불렀다. 배휴는 형인 배도가 장성한 다음 지은 이름이다.

어려서 부모를 여읜 배도와 배탁은 외삼촌에게 몸을 의탁하고 있었다. 두 아이는 외모도 혐오스럽게 생겨, 둘 다 이빨은 옥니박이에다 머리털은 하늘로 뻗치고, 눈썹은 송진을 붙여 놓은 것 같고, 인상은 항상 찡그리고 있었다. 너무 못생겨서 아무도 가까이 하려 하지 않았다.

어느 날 일행선사라는 고승이 집으로 찾아와서 그들 형제를 유심히 바라보더니 외삼촌에게 물었다.

"저 아이들은 누구입니까?"

"저의 조카들인데 부모가 일찍 죽어 불쌍하여 거두어 키우고 있습니다."

"저 아이들을 내보내시오."

"아니, 왜요?"

"저 아이들의 관상을 보니 앞은 거지 상이요, 뒤는 거적대기 상입니다. 워낙 복이 없어 거지가 되지 않을 수 없고, 그냥 놓아 두면 저 아이들 때문에 함께 사는 사람들마저 가난해집니다. 저 아이들이 얻어먹는 신세가 되려면 이 집부터 망해야 하니, 그렇게 되기 전에 어서 저 아이들을 내보내십시오."

"하지만 부모 없는 불쌍한 아이들을 어떻게 내보냅니까?"

"사람은 자신의 복대로 살아야 하는 법입니다. 만약에 이 집이 망한다면 저 아이들의 업은 더욱 깊어질 것입니다."

밖에서 두 사람의 대화를 엿들은 배도는 선사가 돌아간 뒤 외삼촌에게 말하였다.

"외삼촌, 저희 형제는 이제 이 집을 떠나려고 합니다. 허락하여 주십시오."

"떠나다니? 도대체 어디로 간다는 말이냐?"

"아까 선사님과 나눈 말씀 들었습니다. 우리 형제가 빌어먹을 팔자라면 차라리 일찍 빌어먹는 것이 낫지, 외삼촌 집안까지 망하게 할 수는 없는 일 아닙니까? 지금 당장 떠나도록 하겠습니다."

만류하는 외삼촌을 뿌리치고 배탁과 함께 집을 나온 배도는 거지가 되어 하루하루를 구걸하며 살았다. 어린 그들에게 세상살이는 만만하지 않았다. 평생 구걸을 하며 살아야 한다고 생각하니 앞날이 까마득하였다. 어느 날 형제는 머리를 맞대고 상의하였다.

"우리가 계속 이렇게 산다면, 일찍 돌아가신 부모님의 혼령도 편안하지 못할 것이다. 산으로 들어가서 숯이나 구워 팔면서 공부도 하고 무술도 익히자."

그들은 이후 산속에 들어가 숯을 구웠고, 틈틈이 글 읽기를 하고 검술도 익혔다. 그리고 숯을 구울 때는 넉넉하게 구워, 남은 숯들을 다발에 묶어 단정한 글씨로 쓴 편지와 함께 집집마다 나누어 주었다.

"이 숯은 저희가 정성들여 구웠습니다. 부담 갖지 마시고 마음 놓고 쓰십시오."

그러기를 여러 달. 이렇게 꾸준히 숯을 보시하자 처음에는 의아하게 여기던 마을 사람들도 감사하게 생각하였고, 마침내 숯이 도착할 시간이면

'양식에 보태라'며 쌀을 대문 밖에 내놓기까지 하였다. 그러나 그들 형제는 먹을 만큼 이상의 양식은 절대로 가져가지 않았다.

"저희에게 필요한 양식은 이만하면 충분합니다. 감사합니다."

마침내 두 형제에 대한 소문은 사방으로 퍼졌고, 그 소문을 듣고 외삼촌이 찾아와 "잠깐이라도 좋으니 집에 들렀다 가라."고 간청하였다. 그들이 집에 도착하자 때마침 일행선사와 마주쳤는데, 선사가 배도를 보더니 깜짝 놀라는 것이었다.

"얘야, 너는 앞으로 정승이 되겠구나."

"스님, 일전에 저희 형제더러 빌어먹을 운명이라 하시더니, 오늘은 어찌 정승이 되겠다고 하십니까?"

"전날에는 너의 얼굴에 거지 팔자가 가득 붙었는데, 오늘은 정승의 심상이 보이는구나. 그동안 어떤 일을 하였는지 말해 줄 수 있겠느냐?"

배도와 배탁이 그동안의 일을 자세히 말씀드리자 일행선사는 무릎을 치면서 기뻐하였다.

"그러면 그렇지! 너희들의 마음가짐이 거지 팔자를 정승 팔자로 바꾸어 놓았구나."

그 뒤 배도는 정말로 정승이 되었고, 동생 배탁은 대장군의 벼슬을 마다하고 황하강의 뱃사공이 되어 오가는 사람을 건너게 해 주며 고매하게 살았다고 한다. 내 운명과 업은 내가 기꺼이 받겠다는 적극적인 자세로 살았던 배도와 배탁 형제. 외삼촌 가족에게 폐를 끼치지 않겠다는 마음가짐과 가난한 이웃을 도운 선행이 거지 팔자를 정승 팔자로 바꾸어 놓은 것이다.

만약 일이 잘 풀리지 않고 고난이 닥쳐 괴롭다면, 그 운명의 수렁을 헤치고 나오는 방법은 무엇일까? 바로 남을 먼저 돕고 베푸는 것이 운명의 물길을 바꾸는 가장 빠른 방법일 것이다.

백범 김구 선생은 1892년, 17살에 조선의 마지막 과거 시험에 응시하였다. 그는 토착 양반들에게 멸시와 천대를 받았기에, 공부를 해서 그들의 압제에서 벗어나고 싶은 마음이었다. 돈이 없어 주막에도 들지 못하고, 과거를 치를 동안 먹을 좁쌀을 등에 지고 아버지 지인의 집을 숙소로 정하였다. 하지만 매관매직이 판치던 부패한 조선의 과거 시험은 형식일 뿐이었다. 시험도 보기 전에 이미 합격자가 정해져 있었다. 정직하게 공부해서 과거에 합격하는 것은 불가능에 가까웠다.

집으로 돌아온 백범은 낙심하였다. 무엇을 어떻게 해 나가야 할지 막막하였다. 그때 부친이 그에게 이러한 제안을 하였다.

"너 그러면 풍수나 관상 공부를 해 보아라. 풍수에 능해 명당을 얻어 조상을 잘 모시면 자손이 복을 받을 것이고, 관상을 잘 보면 선인군자를 만나게 된단다."

백범은 그 말도 옳다 싶어 석 달간 두문불출하고 《마의상서》라는 책을 공부하였는데, 스스로의 상(相)을 보고는 실망하여 관상가가 되려는 꿈도 포기하고 말았다.

"공부를 하다 보니 흥미가 동하는 것은 남의 상보다는 자신의 상이었다. 내 얼굴을 보니 귀격(貴格)이나 부격(富格)이라 할 만한 좋은 상은 한 군데도 없고 얼굴과 온몸이 천격(賤格), 빈격(貧格), 흉격(凶格)으로만 되어 있는 것이었다. 그렇지 않아도 과거 시험장에서 얻은 비관에서 벗어나려고 상서를 공부한 것인데, 그 이상으로 심한 비관에 빠지게 되었다."

백범의 실망은 이만저만한 것이 아니었다. 그런데 그때 책의 한 구절을 발견하고 마음을 고쳐먹었다.

"상호불여신호, 신호불여심호(相好不如身好, 身好不如心好). 얼굴 좋음이 몸 좋음만 못하고, 몸 좋음이 마음 좋음만 못하다."

이 글귀를 보고 선생은 마음을 제대로 닦아 마음 좋은 사람이 될 것을 결심하였다.

"이제부터 마음을 닦는 내적 수양에 힘써 사람 구실을 하겠다고 마음먹으니, 종전에 공부 잘하여 과거하고 벼슬하여 천한 신세에서 벗어나겠다는 생각은 순전히 허영이고 망상이요, 마음 좋은 사람이 취할 바가 아니라고 생각하였다."

그 후 선생은 동학에 입교하여 동학농민운동에 뛰어들었고, 중국으로 건너가 상해임시정부를 이끌며 평생을 독립운동에 헌신하였다. 부와 명예를 가질 수 없는 관상이라는 운명에 굴하지 않고, 독립운동을 향한 위대한 의지로 승화시킨 것이다.

운명이란 것은 사실 알 수 없는 것이며, 그것은 인생을 다 살고 나서야 논할 수 있는 것이다. 오로지 내 생각과 의지가 스스로의 운명을 창조하는 것이다.

4

사소한 일을 기회로 만든,
유리 가가린

"우주는 매우 어두웠으나, 지구는 푸르렀습니다. 모든 것이 명확하게 보였습니다."

세계 최초의 유인우주선 계획인 보스토크 계획에 참가하여, 1961년 4월 12일에 보스토크 1호를 타고 우주 비행에 처음으로 성공하였던 유리 가가린의 말이다.

어린 시절부터 지적 호기심이 왕성하고 비상한 기억력의 소유자였던 유리는, 전문학교 재학 시절 자신의 일생을 바꿀 과제물을 부여 받는다. 그것은 콘스탄틴 치올코프스키와 그의 학설, 로켓 엔진과 행성 간 여행에 대한 리포트였다. 가가린은 이 주제에 관해 매우 많은 책을 읽었다. 후일 그는 다음과 같이 회상하였다.

"치올코프스키는 내 마음을 뒤엎어 놓았다. 이 학자가 말한 모든 것은 그의 개인적 경험이었으며, 또한 과학적인 것이었다. 어쩌면 바로 이날부터 내게는 하늘에 대한 걷잡을 수 없는 갈망이 생겨났는지도 모른다."

그날 이후 우주를 향한 유리의 열망은 더욱 커져 갔다. 유리의 인생행로 는 우주를 향한 궤도에 올라 있었다. 1960년 8월 19일 역사상 최초로 생 물체를 태운 우주 궤도비행이 실행되었다. 소련의 우주선 '스푸트니크-5'를 타고 벨카와 스트렌카라는 개들이 궤도비행을 성공한 것이다. 이제 사람 을 태운 유인 우주선을 발사할 차례였다.

그런데 최초로 우주를 비행할 우주인을 정하는 것이 문제였고, 이 문제 는 오랫동안 해결되지 못하였다. 후보자는 유리 가가린, 게르만 티토프, 그 리고리 넬류보프, 세 명이었다. 우주비행사들의 훈련에 관한 모든 업무를 총괄하였던 공군 총사령관 니콜라이 카마닌은 비행 일주일 전에 자신의 일기에 다음과 같이 기록하였다.

"똑같은 생각이 집요하게 나를 따라다닌다. 과연 누구를 첫 비행에 보 낼 것인가? 가가린인가 티토프인가? 누구를 영원한 죽음으로 내보낼 것 인가를 결정하기가 어렵다. 그만큼 또한 누구를 세계적 유명인으로 만들 어서 인류 역사에 영원히 그의 이름을 보존할 것인가를 결정하는 것도 어렵다."

니콜라이의 말처럼 이것은 영광의 길이기도 하지만, 다시 돌아오지 못 할 죽음의 길일 수도 있었다. 누구에게 결정을 맡긴다 해도 쉽게 결론을 내 릴 수 없는 상황이었다. 그런데 최종 선택 일주일 전에 있었던 작은 사건이 마지막 결정에 지대한 영향을 미치게 된다.

역사에 기록되길 원하였던 지원자들에게 보스토크에 직접 타 볼 기회가 주어졌다. 지원자들은 차례로 우주선에 탑승하였는데 유리 가가린도 떨리는 마음으로 참여하였다. 오랫동안 염원해 왔던 우주를 향한 꿈이 실현될지도 모르는 순간, 가가린은 마음을 정갈하게 하고 보스토크 앞에 섰다. 그는 우주선을 만든 과학자에게도 감사의 마음이 차올랐다. 순간 가가린은 신발을 벗고 양말만 신은 채 우주선에 올라 조종실에 앉았다. 우주선의 설계자 세르게이 코롤료프는 이 모습을 주의 깊게 지켜보고 있었다. 코롤료프는 당시를 이렇게 회상하였다.

"신발을 벗고 양말만 신은 그의 모습에서 신뢰감이 느껴졌다. 그가 얼마나 우주선을 소중하게 생각하는지 알 수 있었다."

1961년 4월 8일 국가위원회는 가가린에게 우주인으로 최종 선택되었음을 통보하였다. 신발을 벗은 행동은 사소한 것일 수 있지만, 이 작은 행동이 가가린을 최초의 우주인으로 역사에 영원히 기록되게 하였다. 때로는 작은 행동 하나가 사람을 전혀 다른 곳으로 이끌기도 하는 것이다.

비가 내리는 어느 날 오후 피츠버그의 백화점에 한 노년의 부인이 들어섰다. 노부인은 매장 여기저기를 둘러보며 다녔고, 물건은 사지 않은 채 직원들에게 말을 걸었다. 직원들 대부분은 그녀를 훑어보고는 물건을 살 것 같지 않은 그녀의 태도에 대화하기를 꺼려하였다. 그런데 어느 젊은 직원이 그녀에게 다가가 말을 걸었다.

"안녕하세요. 무엇을 도와 드릴까요?"

"아니에요. 난 쇼핑을 하려는 게 아니고 그냥 비가 그치기를 기다리고 있습니다.”

“아, 네. 그럼 제가 의자를 하나 내어 드릴까요? 앉아 계시다가 비가 그치면 가세요.”

부인의 대답을 듣기도 전에 직원은 의자를 하나 가져왔다. 이내 비가 그쳤다. 직원은 문 앞까지 노부인을 배웅하였고, 부인은 직원에게 명함을 하나 달라고 하였다. 그리고 젊은 직원은 그 일을 까맣게 잊고 있었다.

그러던 어느 날 백화점 사장이 그 젊은 직원을 호출하였다. 사장은 그에게 편지 한 장을 보여 주었다. 스코틀랜드의 성(城)에 가구를 들여놓고 싶은데 그 직원을 보내 주문을 받아 달라는 내용이었다. 그 노부인은 철강왕 앤드루 카네기의 어머니였던 것이다. 카네기 여사의 주문량은 실로 어마어마하였고, 이 일로 그 직원은 파격적인 승진을 할 수 있었다.

이처럼 인생의 기회는 평범한 일상 속에서 매일 생겨나고 있다. 사소한 것이라고 흘려보냈던 일들 속에 얼마나 많은 기회가 숨겨져 있었을지 모를 일이다. 기회는 자신의 모습을 드러내 놓고 다가오지 않는다. 그러므로 사소한 일도 소홀히 해서는 안 되는 법이다.

1848년 카네기 일가는 고향을 떠나 이민선에 몸을 실었고, 친척이 사는 펜실베이니아주 피츠버그 인근에 정착하였다. 카네기의 학력이라고는 던 펌린 시절 초등학교에 다닌 것이 전부였지만, 사회생활 초기에 남다른 근면함과 성실성을 발휘하여 상사의 호감을 샀다. 그리고 간혹 찾아오는 행운의 기회를 놓치지 않고 최대한 이용하였다.

카네기는 전보 배달사로 일하게 된 것이 그의 인생에서 대단히 큰 기회가 되었다고 밝혔다. 1850년 초의 어느 날, 직장에서 돌아와 보니 좋은 소식이 그를 기다리고 있었다. 전신국 국장이 이모부에게 전보를 배달할 소년을 구해 달라고 부탁한 것이다. 이모부로부터 그 소식을 들은 카네기는 기뻐서 어쩔 줄을 몰랐다. 사실 그 이야기는 이모부와 국장이 장기를 두다가 나온 말이었다고 한다. 카네기는 그때 사소한 일이 얼마나 큰 의미를 담을 수 있는지 알게 되었다고 한다.

"때로는 그런 사소한 일이 중대한 결과를 불러오기도 한다. 누군지 잘 기억은 나지 않지만, 사소한 일쯤은 무시하라는 충고에 사소한 일이 무엇인지 가르쳐 주면 기꺼이 그렇게 하겠다고 대답한 사람이 있었다. 젊은이들은 사소한 일에 신이 주시는 가장 훌륭한 선물이 담겨 있음을 알아야 한다."

사소한 일에 신의 선물이 담겨 있기도 하고, 시험이 담겨 있기도 하다. 그러니 사소한 일이라고 어찌 소홀히 할 수 있겠는가?

5

남의 재주를 아끼고 사랑한, 리스트

프란츠 리스트는 피아노가 주류를 이루던 '낭만주의 시대'에 맹활약하였던 당대 최고의 거장 피아니스트였으며, 또한 12개의 교향시 등을 작곡한 훌륭한 작곡가였다. 그는 피아노 연주기법을 혁신시켰고, 오늘날 보편화 된 '피아노 독주회'를 최초로 만들어 내기도 하였다.

'피아노의 귀재', '피아노의 신'이란 칭호가 붙을 정도로 뛰어난 실력의 피아니스트인 리스트는, 수려한 외모까지 겸비해 뭇 여성들의 사랑을 한 몸에 받았다. 연주 전에 항상 자신의 장갑을 피아노 위에 벗어 놓고 연주가 끝나면 그냥 남겨 놓은 채 나가는 습관 때문에, 언제나 리스트의 피아노 연주가 끝난 이후의 공연장은 그 장갑을 서로 갖기 위해 싸우는 여성들로 소란이 끊이질 않았다고 한다.

반면, 쇼팽은 리스트보다는 한 살 위였지만, 그가 파리로 진출할 무렵에는 거의 무명에 가까운 피아니스트였다. 작은 키와 평범한 외모의 쇼팽은 별다른 주목을 받지 못하였다.

어느 날 파리에서 우연히, 리스트가 쇼팽의 피아노 연주를 듣게 되었다. 연주가 끝나자 리스트는 쇼팽에게 악수를 청하며 이렇게 말하였다.

"정말 아름다운 연주였소."

이것이 계기가 되어 두 사람은 함께 음악을 논하는 동지가 되었고, 한 집에서 함께 기거하면서 생활하기도 하였다. 그러나 쇼팽은 좀처럼 사람들의 호응을 얻지 못하였다.

당시는 화려한 기교가 들어간 연주가 사랑받았던 시대인데, 쇼팽은 현란한 기교보다는 감성적인 연주 기법과 아름다운 선율을 연주하기를 선호하였다. 따라서 대중으로부터 큰 주목을 받지 못한 것이다.

그래서 리스트는 자신의 연주회를 통해 쇼팽에게 기회를 주기로 마음먹었다. 리스트의 피아노 독주회가 있던 밤이었다. 그날 리스트는 모든 불을 끈 채 캄캄한 가운데에서 연주를 시작하였다. 관객들은 아무것도 보이지 않는 어둠 속에서 실수 한 번 하지 않고 아름다운 선율을 연주한 리스트의 천재적인 피아노 실력에 감탄하며 그의 연주를 듣고 있었다. 시간이 흐르고 연주가 절정에 다다를 무렵, 연주회장 뒤쪽에서 한 줄기 빛이 나타나 천천히 무대 쪽으로 움직이기 시작하였다. 조르주 상드(프랑스 낭만주의 작가)라는 여인이 한 손으로 촛불을 받쳐 들고 무대 앞으로 나오기 시작한 것이다. 불빛이 점점 무대 앞쪽으로 움직여 피아노 위에 놓였을 때 관객들은 모두 놀라고 말았다. 연주자 자리에 리스트 대신 쇼팽이 앉아서 연주를 하고 있었던 것이다.

이 일을 계기로 쇼팽은 음악적 재능을 인정받아 명성을 얻게 되었고, 세계적인 피아니스트로 나아갈 수 있게 되었다. 리스트는 쇼팽이 알려질 기회를 굳이 만들어 줄 필요가 없었다. 라이벌을 한 명 더 만들 필요는 없었으므로, 일부러 기회를 만들어 쇼팽을 도와주지 않아도 되었다. 하지만 리스트는 쇼팽의 재주를 아꼈으며, 훌륭한 예술가가 진흙 속에 묻혀 있는 것을 내버려 두지 않았다. 남이 가진 재주를 아끼고 사랑하는 사람은 이미 세상에 충분히 덕을 펼치는 사람이다.

리스트가 독일을 여행하다가 어느 작은 도시에 들렀을 때의 일이다. 그는 한 여성 피아니스트가 독주회를 한다는 내용의 포스터를 보게 되었다. 그런데 연주자의 약력을 보니 '프란츠 리스트의 제자'라고 적혀 있었다. 그는 고개를 갸우뚱하였다.

'이상하다. 아무리 생각해도 기억이 안 나는데, 내 제자라니?'

그날 리스트가 그 도시에 왔다는 소문이 퍼졌고, 독주회를 준비하던 피아니스트도 그 소식을 들었다. 그녀는 깜짝 놀랐다. 사실 그녀는 리스트의 제자가 아니었고, 병든 어머니의 치료비를 마련하기 위하여 독주회를 열기로 하였던 것이다. 그녀는 밤새 고민하다 다음 날 일찍 호텔로 리스트를 찾아갔다.

"선생님, 독주회를 할 사람이 바로 접니다. 어머니가 병이 드셔서 치료비가 필요한데, 제가 할 수 있는 일은 피아노를 연주하는 것뿐이었습니다. 그런데 사람들이 저 같은 무명 연주자의 공연에는 오지 않을 것 같아 어쩔 수 없이 선생님의 이름을 팔았습니다. 용서해 주십시오. 당장 가서 사람들에게 잘못을 빌고 독주회도 취소하겠습니다."

그녀의 말은 들은 리스트는 그녀에게 연주를 한번 해 보라고 하였다.

"그런 사정이 있었군요. 솔직히 말해줘서 고맙소. 자, 여기 와서 피아노를 한번 쳐 보겠소?"

리스트의 말에 그녀는 떨리면서도 온 마음을 다해 피아노를 쳤다.

"멋진 연주였소. 이번에는 내가 한번 쳐 보겠소."

"어떻소?"

"선생님 연주를 들으니 제가 어떤 점이 부족한지 알겠습니다."

"그러면 그 생각을 하면서 다시 쳐 볼까요?"

그렇게 리스트는 그녀의 부족한 점을 지적해 주고 하나하나 가르쳐 주었다.

"자, 이렇게 나한테 피아노를 배웠으니 이제 당신은 내 제자입니다. 사람들에게 멋진 연주를 들려주기 바라오."

그날 밤, 무명의 피아니스트는 감격과 감동에 젖어 연주를 하였고, 청중들에게 뜨거운 박수를 받았다. 그 후로도 리스트의 제자로서 고마움을 간직한 채 아름다운 연주를 계속하였다.

리스트는 얼마든지 연주회를 중지시킬 수 있었다. 하지만 그는 그 선택을 하지 않았다. 대신 그녀가 자신에게 가르침을 받을 기회를 주었고, 그를 통해 더 나은 연주자가 될 수 있는 길을 제시해 주었다. 우리는 한 사람의 인생에 큰 영향을 끼칠 수 있는 기회를 우연히 만날 수 있다. 그때 상내방이 긍정적인 영향을 받아 밝은 삶으로 걸어갈 수 있도록 도와주는 선택을 하는 것이 어떨까? 사람은 지시나 명령에 의해 변화되기보다는, 사랑과 감동을 받을 때 더 크게 변화된다. 배려와 관용은 한 사람의 인생이 새롭게 태어나는 계기를 만들어 줄 것이다.

6

허친스와 애들러,
마스터 마인드

'둘 또는 그 이상의 사람들이 주어진 과제를 위해 서로 연합, 조화롭게 협동함으로써 발전되는 마음의 상태'를 '마스터 마인드'라고 한다. 무슨 일을 하든 성공을 위해서는 이 원리를 잘 활용해야 한다.

두 사람 이상이 모여 하나의 큰마음을 만들면 그것은 이제까지 없었던 거대한 지혜의 보고가 되어, 역사를 움직일 만큼 큰 힘을 발휘하게 된다. 활력 있는 사람들과의 주기적인 접촉과 자극은 마음과 두뇌에 생기를 불어 넣고, 새로운 에너지를 재충전하게 한다. 따라서 무언가 뜻을 이루고자 하는 사람이라면 마음과 영혼의 협력자를 구하는 수고를 아끼지 말아야 한다. 시카고 대학이 명문 대학으로 발전하는 과정에서도 이러한 마스터 마인드 원리가 적용되었다.

시카고 대학은 미국의 석유 재벌 존 록펠러가 세운 학교로 유명하다. 1892년 설립된 이 대학은 상당한 재정을 투입하여 멋진 캠퍼스를 갖추고 탄탄한 교수진을 꾸렸지만, 학생들의 수준은 그에 훨씬 못 미쳤다.

그래서 시카고 대학 재단에서는 학교를 이끌어 갈 새로운 지도자를 찾았다. 대학 설립 취지를 제대로 살릴 수 있는 젊고 유능한 지도자를 영입하기로 한 것이다. 그래서 당시 예일 대학 법학 대학원 학장을 맡고 있었던 30살의 젊은 청년, 로버트 허친스에게 제안을 하였다. 제안을 받은 그는 고민에 빠졌다.

'총장은 내 전문 분야인 법학이 아닌 교육학이 필요한 영역인데, 나는 교육에 대해 별로 아는 바가 없고, 법학과 교육학은 엄연히 학문의 영역이 다른데 과연 내가 잘 해낼 수 있을까?'

고민 끝에 친한 교수에게 도움을 청하기로 하였다. 그는 허친스보다 3살 아래인 뉴욕 명문 컬럼비아 대학의 철학자이자 교육학자인 모티머 애들러 박사였다. 그러자 허친스의 요청을 받은 애들러는 그에게 편지로 두툼한 목록을 하나 보내 주었다.

"인류 역사상 가장 위대한 저서(Great Books) 목록입니다. 그리고 제안합니다. 만약 시카고 대학에서 이 위대한 저서들로 학생들을 가르쳐 보실 의향이 있으시면 저도 합류할 생각이 있습니다."

허친스는 애들러의 답변을 듣고 고민이 해결되었다. 그가 함께해 준다면 큰 힘이 될 것이 분명하였다. 그런데 허친스는 애들러가 보내 준 목록을 보고 충격에 빠졌다. 예일 대학에서 잘나가는 법학 박사이자, 대학원 원장이자, 모두가 찬사를 보내는 젊은 천재 학자였음에도 불구하고, 그가 안내

한 고전 목록에 자신이 읽은 책이 별로 없었기 때문이다.

두 사람은 시카고 대학에 부임한 직후, 신입생들 가운데 괜찮은 학생 20명을 뽑았다. 그리고 이들과 함께 매주 두 시간씩 고전을 함께 읽고 토론하는 모임을 시작하였다. 이 모임이 훗날 시카고 대학의 역사를 바꾸는 새로운 출발점이었다.

허친스와 애들러는 의기투합하였다. 기존의 교육 방식이 아닌 새로운 방법이 미국 교육에도 큰 비전이 될 수 있을 거라 생각하였다. 허친스 총장도 나이 어린 20대 초반의 학부생들과 매주 머리를 맞대고 똑같이 고전을 읽고 토론하는 일에 적극적으로 참여하였다. 허친스는 존 스튜어트 밀 방식의 독서법(The Great Books Program)에 정통하였다. 그는 이 독서법을 충실히 따른다면 아인슈타인이나 에디슨이 그랬던 것처럼, 천재적인 두뇌를 가진 인재로 변화될 수 있다는 것을 확신하였다.

참여한 학생들은 처음에는 별 효과를 느끼지 못하였다. 하지만 매주 한 권씩, 고전 30권 정도를 독파해 나갈 무렵부터 변화가 보이기 시작하였다. 50권을 넘긴 시점부터는 학생들의 질문의 깊이, 생각의 폭, 점과 점을 잇는 상상력, 추상적인 개념을 구체화해 삶에 적용하는 힘 등이 폭발적으로 성장하는 것이 보였다.

마침내 100권에 도달할 무렵, 학생들이 자신의 잠재력을 온전히 드러내는 것을 보면서 허친스와 애들러는 시카고 대학 전체에 위대한 저서 읽기, 즉 고전 읽고 토론하기 프로그램을 전격 도입하였다. 허친스 총장은 시카고 대학을 세계 명문 대학으로 기우겠다는 야심을 가시고 '시카고 플랜'을 도입하였다. 1930년대부터 시카고 대학의 커리큘럼은 고전 100권을 읽고 토론하는 세미나가 핵심 프로그램으로 바뀌었다.

이후 시카고 대학에 많은 변화가 찾아왔다. 학생들은 삶과 학문을 대하는 태도가 달라졌고, 학교 분위기도 새로워졌다. 노벨상 수상자도 배출되기 시작하였다. 1930년대 후반부터 2022년까지 노벨상을 받은 시카고 대학 출신들이 무려 97명인데, 이는 한 대학 출신이 받은 노벨상 수상 기록으로는 타의 추종을 불허하는 독보적인 기록이다. 이것이 시카고 플랜과 깊은 연관이 있음을 미루어 짐작할 수 있다.

그런데 여기에는 한 가지 주목할 사실이 있다. 그것은 허친스와 애들러의 관계이다. 그들은 시카고 대학에서 근무하기 전에도 돈독한 관계였고, 서로 도움을 주고받았다. 이러한 그들이 새로운 독서 프로그램을 통한 교육 혁명 프로젝트에 함께함으로써 새 역사를 만든 것이다. 그 둘은 협력 이상의 관계였다. 두 사람 이상이 하나의 목표와 이념을 위해 한마음으로 뭉치게 되면, 거기에서 이전에 없던 신비한 힘이 만들어진다. 혼자 일할 때보다 몇 배 이상의 큰 힘이 만들어지고 지혜가 생겨난다. 이와 같은 사례는 역사에 수도 없이 많이 있다. 따라서 어떤 일을 할 때 자신과 뜻이나 의지가 일치하는 마음의 동반자가 함께한다면 그 일의 성공 확률도 훨씬 높아지게 된다.

포드와 에디슨, 파이어 스톤은 오랫동안 절친한 사이로 지냈다. 그들은 정기적으로 한적한 곳에서 만남을 가졌고, 세상 돌아가는 이야기와 사업에 대해 토론을 하고 조언을 하였다. 그들은 강한 유대감을 가지고 있었으며 서로의 마음을 조화롭게 운용하고 있었다. 그들은 서로의 지혜를 공유하였고, 단순한 협력의 관계를 넘어 '마스터 마인드'를 형성하였다. 이를 통해 그들은 다른 사람들이 생각하지 못하는 영감을 얻었고, 목표를 달성하기 위한 용기와 지혜를 충전할 수 있었다. 이것이 그들의 힘의 원천이었던 것이다.

성공으로 가는 사다리에 오르기 위해서는 '마스터 마인드'의 원리를 알고 실제로 적용할 수 있어야 한다.

감사 기도문

샤하르 교수는 "언제나 현재를 소중히 여기고 늘 감사해야 한다."고 역설하였습니다. 이것을 위해 그가 권하는 방법은 '감사노트'를 쓰는 것입니다. 그는 매일 밤 잠들기 전 그날 하루를 되돌아보며 감사한 대상을 노트에 적었습니다. 몇 개의 단어를 적는 것에 불과하지만 그렇게 하는 것만으로도 긍정적이고 낙관적인 생활 태도를 가지는 데 도움이 되었다고 합니다. 아무리 어려운 환경일지라도 감사할 것은 많이 있습니다. "오늘 나에게 주신 모든 선물에 감사합니다. 내가 보고 듣고 받은 모든 것에 감사합니다." 미셀 콰스트 신부의 기도문 '감사합니다'는 이렇게 시작합니다. 나에게 지금 감사한 것은 무엇입니까? 나만의 감사 기도문을 만들어 보세요.

'감사합니다'

심은 대로 거둔다

　오바마는 하버드 로스쿨에서 흑인 최초로 '하버드 로리뷰' 편집장이 되었습니다. 그가 마지막 순간에 편집장이 될 수 있었던 것은 '오바마는 보수적인 학생들까지 공정하게 대할 것이다.'라는 평가를 보수적인 학생들에게 받았기 때문이었습니다. 오바마는 다른 학생들에게 황금률을 실천하는 사람임을 인정받은 것입니다.

　나폴레온 힐은 황금률에 기반을 둔 '심은 대로 거둔다'는 법칙을 모르는 것은 세계적인 비극이라고 할 만하다며, 이 법칙을 충실히 이행할 때 우리는 우리 운명의 주인이 될 수 있다고 하였습니다.

　'심은 대로 거둔다'는 법칙의 증거가 될 만한 역사적 사실이 있다면 적어 보세요.

'심은 대로 거둔다'는 법칙의 증거가 될 만한 역사적 사실이 있다면 적어 보세요. 또 자신의 경험담이 있다면 그것도 적어 보세요.

예 일본은 조선과 중국 등 아시아 국가와 미국을 불법 침략한 뒤 원자폭탄을 맞았고 연합국에게 패배하여 항복하였다.

예 자연을 파괴하고 환경을 보호하지 않고 내버려두자 메르스, 코로나와 같은 바이러스 감염증이 확산되었다.

나의 경제 독립 계획

배휴 형제는 거지의 운명을 타고났다는 이야기를 들었지만, 공부와 선행을 통해 운명을 극복하고 정승이 되었습니다. 자신의 운명을 스스로 개척하려는 독립심이 있었기에 가능한 일이었습니다. 남에게 의지하려는 마음을 가지면 홀로서기가 어렵습니다. 우리는 언제가 부모님의 곁을 떠나 스스로 독립해야 합니다. 경제적으로 독립할 때 진정으로 어른이 되었다고 할 수 있습니다. 언제 어떻게 경제적으로 독립할 것인지 자신의 계획을 적어 보세요.

〈나의 경제 독립 계획〉

예 대학을 졸업하고 취업 후 1년이 지나면 경제적으로 완전히 독립할 계획이다. 형제가 없고 자식이 나 하나이기 때문에 부모님과 함께 살기는 하겠지만, 생활과 관련하여 부모님께 경제적인 도움은 받지 않을 것이다. 월급의 30%는 매달 저축을 하고, 1차로 3천만 원을 모을 것이다. 목표를 이루면 직장을 병행하는 소규모 온라인 사업을 하려고 한다. 온라인 사업의 수입이 월급을 넘어서면 직장을 그만두고 사업에 전념하겠다.

사소한 일에서 기회 찾기

"때로는 그런 사소한 일이 중대한 결과를 불러오기도 한다. 누군지 잘 기억은 나지 않지만, 사소한 일쯤은 무시하라는 충고에 사소한 일이 무엇인지 가르쳐 주면 기꺼이 그렇게 하겠다고 대답한 사람이 있었다. 젊은이들은 사소한 일에 신이 주시는 가장 훌륭한 선물이 담겨 있음을 알아야 한다."

앤드루 카네기는 사소한 일에 기회가 담겨 있다고 하였습니다. 우리에게는 매일 새로운 기회가 오고 있지만 알아차리지 못하고 흘려보내는 경우가 많습니다. 그동안 사소하지만 나를 지나쳤던 좋은 일에는 어떤 것이 있었나요? 사소한 일에서 기회를 찾으려면 어떻게 해야 할까요?

그동안 사소하지만 나를 지나쳤던 좋은 일에는 어떤 것이 있었나요?	예 중1 수행평가 때 발표할 기회가 주어졌는데도 용기가 없어서 포기하고 말았다.
사소한 일에서 기회를 찾으려면 어떻게 해야 할까요?	예 사소하다고 무시하지 않고 일단 주어진 일에는 최선을 다한다.

재충전하는 법

사람은 지시나 명령에 의해 변화되기보다는, 사랑과 감동을 받을 때 변화됩니다. 목표가 분명해도 열정이 계속 유지되어야 합니다. 따라서 사람은 자신을 지속해서 충전할 줄 알아야 합니다. 그래야 지치지 않고 앞으로 나아갈 수 있습니다. 충전은 여러 가지 방법과 경로를 통해 이루어집니다. 재충전을 위해 내가 할 수 있는 방법을 최대한 찾아서 적어 보세요.

재충전을 위해 내가 할 수 있는 방법

예 잠을 충분히 잔다. 클래식 음악을 듣는다. 좋은 영화를 본다. 유튜브에서 좋은 강의를 찾아 듣는다.

'마스터 마인드' 만들기

두 사람 이상이 하나의 목표와 이념을 위해 한마음으로 뭉치게 되면, 거기에서 이전에 없던 신비한 힘이 만들어집니다. 혼자 일할 때보다 몇 배 이상의 큰 힘이 만들어지고 지혜가 생겨나죠. 이러한 사례는 역사에 수도 없이 많이 있습니다. 따라서 어떤 일을 할 때 자신과 뜻이나 의지가 일치하는 마음의 동반자가 함께한다면, 그 일의 성공 확률도 훨씬 높아지게 됩니다.

나폴레온 힐은 '둘 또는 그 이상의 사람들이 주어진 과제를 위해 서로 연합, 조화롭게 협동함으로써 발전되는 마음의 상태'를 '마스터 마인드'라고 하였는데, 성공을 위해서는 이 원리를 잘 활용해야 한다고 강조하였습니다.

'마스터 마인드'의 역사적 사례를 들어 보세요. 그리고 나의 마스터 마인드를 만들기 위해 어떻게 할 것인지 계획을 세워 보세요.

'마스터 마인드'의 역사적 사례를 들어 보세요.	예 임진왜란 때 이순신 장군과 장수와 병사들 – 전력이 월등하게 우수한 왜군에 맞서 싸워 한번도 지지 않았다. 하지만 이순신 장군이 모함으로 잡혀 들어가고 원균이 삼도수군통제사가 되었을 때 마스터 마인드 관계가 깨져 칠천량 전투에서 몰살당하고 말았다.
나의 마스터 마인드를 만들기 위해 어떻게 할 것인지 계획을 세워 보세요.	예 국어 선생님과 마스터 마인드 관계를 만들기 위해 우선 학교 수업에 집중하고, 과제 수행을 성실하게 할 것이다. 잘 모르는 것은 정리해서 따로 질문하는 시간을 갖겠다. 나의 진로 계획인 '작가'를 위해 작품에 대한 평가와 조언을 요청하겠다.

행복한 공부 발전소
'진로코칭'

1. 학생들을 위한 '진로' 특강

〈진로 생각 실천 노트〉수업을 통해 직업과 진로의 가치를 탐색하고, 자신의 진로 철학을 만드는 시간입니다. 강의를 통해 진로와 인생에 대한 인식과 관점이 바뀌면 새로운 눈이 열립니다. 인물들의 예화를 통해 어떻게 진로를 선택하고 설계할 것인지 구체적인 사례 중심으로 진행합니다. 학생들이 진로에 대해 새롭게 눈뜨는 기회를 제공합니다.

2. 학부모 대상 자녀 교육 특강

변화하는 시대에 맞는 자녀 교육 방법은 무엇일까요? 학교 공부와 미래를 준비하는 창의 융합 교육을 함께 해 나가는 방법은 무엇일까요? 자녀의 올바른 진로 설계를 위해 꼭 알아야 할 정보와 지식을 전달합니다. 자녀가 진로를 탐색하고 설정하는 데 자신의 잠재력을 최대한 발휘하기 위한 부모의 역할을 알아보는 소중한 시간입니다.

3. 진로코칭 지도사 [진로독서 지도사] 과정

전문적으로 '진로코칭'을 지도하고자 하는 분들을 위한 전문가 과정입니다. 교육 현장에서 학생들의 체계적인 진로코칭에 필요한 이론과 실제 사례를 중심으로 진행됩니다. 창의 융합 시대에 걸맞는 진로코칭과 인문학 중심의 코칭 프로그램을 통해 학생들이 세상을 향해 힘차게 나아가도록 이끌어 줍니다.

＊대상
- 진로코칭 전문가로 활동하고 싶은 분
- 진로독서 프로그램을 활용하여 학생들을 체계적으로 지도하고 싶은 분
- 창의 융합 시대에 맞는 교육법을 찾는 분
- 학생들의 잠재력을 극대화하여 창의력과 문제 해결력을 키워 주고 싶은 분

＊교재
《꿈을 찾는 10대를 위한 진로수업》
《10대를 위한 진로 인문학》

＊내용
교재를 중심으로 자기 이해, 목표와 꿈, 학습과 진로, 일의 의미, 재능과 노력, 미래와 변화, 창직과 창업, 자기경영, 행복 등을 주제로 진행하며, 실제 학생들과 수업하는 방식으로 운영합니다.

참고문헌

서적

《큰 바위 얼굴》, 나다니엘 호손, 바다출판사

《독학의 기술》, 가토 히데토시, 문예출판사

《몰입의 즐거움》, 미하이 칙센트미하이, 해냄

《몰입》, 황농문, 랜덤하우스

《스티브 잡스》, 월터 아이작슨, 민음사

《스티브 잡스의 명언 50》, 하야시 노부유키, 스펙트럼북스

《워런 버핏 이야기》, 앤 재닛 존슨, 명진출판

《성공학 노트 1, 2》, 나폴레온 힐, 국일미디어

《생각의 힘을 키워라》, 이토야마 타이조, 글로세움

《조앤 K. 롤링 : 해리포터를 키운 마법사 》, 마크 샤피로, 문학수첩 리틀북스

《딥 워크》, 칼 뉴포트, 민음사

《행복 교과서》, 서울대학교 행복연구센터, 주니어김영사

《무지개원리》, 차동엽, 국일미디어

《베이징 대학에서 인생철학을 배우다》, 천위신, 시그마북스

《삼매경》, sericeo콘텐츠팀, 삼성경제연구소

《10대를 위한 몰입 공부법》, 정형권, 성안당

《약점이 힘이 될 때》, 샤를 가르두, 다른 세상

《절대 실패하지 않는 성공 시스템》, 클레멘트 스톤, 서른세개의 계단

《성공한 ceo에서 위대한 인간으로》, 앤드루 카네기, 21세기북스

《습관의 힘》, 잭 D.핫지, 아이디북

《버티는 삶에 관하여》, 허지웅, 문학동네

《위대한 철학자들은 철학적으로 살았을까》, 강성률, 평단문화사

《프랭클린 자서전》, 벤자민 프랭클린, 김영사

《백치》, 도스토예프스키, 동서문화사

《사업을 한다는 것》, 레이 크록, 센시오

《당신 안의 기적을 깨워라 1, 2》, 나폴레온 힐, 국일미디어

《결국 당신은 이길 것이다》, 나폴레온 힐, 흐름출판

《하버드 인생특강》, 장이츠, 파주Books

《다윗과 골리앗》, 말콤 글래드웰, 21세기북스

《느리게 더 느리게》, 장샤오헝, 다연

《1% 인연의 힘》, 이재운, 책이있는마을

《인생은 지름길이 없다》, 스웨이, 정민미디어

《나는 하버드에서 인생을 배웠다》, 무천강, 리드리드출판

《도어 투 도어》, 셸리 브레이디, 시공사

《다빈치처럼 과학하라》, 프리초프 카프라, 김영사

《습관의 힘》, 찰스 두히그, 갤리온

《하버드 행동력 수업》, 가오위안, 가나출판사

《누구나 처음엔 걷지도 못했다》, 고영성, 스마트북스

《창조 혁신의 리더들》, 조선비즈, iwell

《시간을 정복한 남자》, 다닐 알렉산드로비치 그라닌, 황소자리

《하버드 첫 강의, 시간관리 수업》, 쉬셴장, 리드리드출판

《성공하는 CEO의 습관》, 김성회, 페이퍼로드

《하버드 새벽 4시 반》, 웨이슈잉, 라이스메이커

《최고는 무엇이 다른가》, 빌 조지, 스몰빅라이프

《진로진학지도 길라잡이》, 인천광역시교육청

《꿈의 나래를 펴는 진로여행》, 운남고등학교, 김용환

《진로쌤과 함께 만드는 나의 학업 설계》, 서울특별시교육청

참고문헌

논문, 신문 기사 등 기타 자료

"데모스테네스"의 아테네 시민이여 일어나라, speech21.co.kr, 2005

인내와 자신감으로 판매왕이 된 빌 포터, 이두용, 한국투데이, 2019

생활고 속에서도 꿈을 잃지 않은 배우 〈록키〉가 되다, 구건우, 2017

〈행복을 찾아서〉 실존 인물 '크리스 가드너', 노숙자에서 CEO로, 김태우, 시선뉴스, 2018

리더십의 종류–침묵과 사색의 리더십, 송수용, 전자신문, 2016

'빌 게이츠는 왜 생각 주간을 만들었을까?', 대니얼 패트릭 포레스터, 토네이도, 2012

미켈란젤로 질투를 이겨 내고 '천지창조'를 만들어 내다, 손관승, 조선비즈, 2018

미켈란젤로의 천지창조, 김필규, 소년한국일보, 2012

4년 6개월 미켈란젤로가 천지창조를 그리기까지, 최지연, 네이버 블로그 nayana0725

열일곱 마리 소 나누기, 최원영, 기호일보, 2018

피카소 아비뇽의 처녀들·게르니카, 박상희, 신동아, 2017

"저런 건 나도 그려" 피카소 무시하는 당신이 모르는 것, 문하연, 오마이뉴스, 2019

금메달 23개 펠프스 신체 해부, 주간조선, 2016.08.19

높이뛰기, 배가 하늘을 향한 까닭, 김준래, 사이언스타임스, 2016

'마의 벽' 허물기, 강신장, MK뉴스 , 2019

CEO열전: 하워드 슐츠, 강일용, IT동아, 2018

커피, '마시는 공간'을 창조하다, 박영순, 신동아, 2016

Tan Dun 1957–, kalliope63 블로그, 레인트리

[글로벌 Biz리더] 리처드 브랜슨 버진그룹 회장, 고경석, 2018

[허연의 책과 지성] 쥘 베른, 허연, 매일경제, 2018

대공황시절 미국인의 희망 "씨비스킷", 박생규, 뉴스인, 2009

CEO 열전: 커넬 샌더스, 강일용, IT동아, 2018

실패를 즐겨라, 100년 전 라이트 형제처럼, 이병주, 위클리비즈, 2011

'평화의 상징' 만델라, 김슬기, 매일경제, 2013

용서와 화해를 통한 '조정자적 리더십'으로 갈등치유, 문윤홍, 매일종교신문, 2019

용서와 화해의 넬슨 만델라, 박운용, 두향칼럼, 2013

넬슨 만델라, 그의 삶이 주는 감동과 여운, 정명희, 오마이뉴스, 2007

하늘을 보고 감사하고 땅을 보고 감사하고, 살레시오 칼럼, ibosco, 2013

IQ160 '최초의 미국인'이 쓴 원조 자기계발서, 중앙일보, 2013

우주 탐험의 역사, LG사이언스랜드, 2011

보통 러시아인의 우주를 향한 업적, 모스크바 뉴스&프레스, 2011

용서와 관용의 리더십: 링컨과 스탠턴, 지상의 왕자, 티스토리cho1999, 2015

피아노의 시인 리스트와 쇼팽의 아름다운 우정, 김일영, 경북도민일보, 2017

두 청년이 의기투합할 때, 조신영, 경북매일, 2019

Foreign Copyright:
Joonwon Lee   Mobile: 82-10-4624-6629
Address: 3F, 127, Yanghwa-ro, Mapo-gu, Seoul, Republic of Korea
            3rd Floor
Telephone: 82-2-3142-4151
E-mail: jwlee@cyber.co.kr

꿈을 찾는 10대를 위한 진로수업

2023. 5. 23. 1판 1쇄 발행
2023. 12. 6. 1판 2쇄 발행
2024. 9. 4. 1판 3쇄 발행

지은이 | 정형권
펴낸이 | 이종춘
펴낸곳 | BM (주)도서출판 성안당

주소 | 04032 서울시 마포구 양화로 127 첨단빌딩 3층(출판기획 R&D 센터)
     | 10881 경기도 파주시 문발로 112 파주 출판 문화도시(제작 및 물류)
전화 | 02) 3142-0036
     | 031) 950-6300
팩스 | 031) 955-0510
등록 | 1973. 2. 1. 제406-2005-000046호
출판사 홈페이지 | www.cyber.co.kr
ISBN | 978-89-315-5980-4 (13370)
정가 | 17,000원

이 책을 만든 사람들
책임 | 최옥현
진행 | 오영미
교정·교열 | 이진영
본문 디자인 | 디자인라인
표지 디자인 | 디자인랩 오늘
홍보 | 김계향, 임진성, 김주승, 최정민
국제부 | 이선민, 조혜란
마케팅 | 구본철, 차정욱, 오영일, 나진호, 강호묵
마케팅 지원 | 장상범
제작 | 김유석

■ 도서 A/S 안내

성안당에서 발행하는 모든 도서는 저자와 출판사, 그리고 독자가 함께 만들어 나갑니다.
좋은 책을 펴내기 위해 많은 노력을 기울이고 있습니다. 혹시라도 내용상의 오류나 오탈자 등이
발견되면 "좋은 책은 나라의 보배"로서 우리 모두가 함께 만들어 간다는 마음으로 연락주시기
바랍니다. 수정 보완하여 더 나은 책이 되도록 최선을 다하겠습니다.
성안당은 늘 독자 여러분들의 소중한 의견을 기다리고 있습니다. 좋은 의견을 보내주시는 분께는
성안당 쇼핑몰의 포인트(3,000포인트)를 적립해 드립니다.
잘못 만들어진 책이나 부록 등이 파손된 경우에는 교환해 드립니다.